¡NO DESMAYES!

Cómo mantenerte en el nivel donde estás hasta ser promovido

RENÉ GONZÁLEZ

DEDICADOS A LA EXCELENCIA

La misión de *EDITORIAL VIDA* es proporcionar los recursos necesarios a fin de alcanzar a las personas para Jesucristo y ayudarlas a crecer en su fe.

©2005 EDITORIAL VIDA
Miami, Florida

Edición: *Anna M. Sarduy*

Diseño interior: *Grupo Nivel Uno Inc.*

Diseño de cubierta: *Josué Torres*

Reservados todos los derechos

ISBN: 0-8297-4543-2

Categoría: Vida cristiana / Vida espiritual

Impreso en Estados Unidos de América
Printed in the United States of America

06 07 08 ❖ 6 5 4

Contenido

Dedicatoria

Dedico este libro a mi verdadero amigo

Héctor Cabrera, evangelista, maestro y siervo.

¡No desmayes!

Agradecimientos

En primer lugar a mi esposa, Dámaris, eres mi brazo fuerte, la primera que cree en mí, gracias te amo...

A mis tres tesoros, Renecito, Darinés y Darián, «papi no es papi sin ustedes», besos y más besos.

A mi madre, Carmen, gracias por cuidarme y amarme tanto, te amo mi vieja.

A mi padre, Antonio, te veré en el cielo.

A mis hermanos de sangre, Cheo, Monin, Rodolfo, Gloria, Miguel, Aida, Lorettys, Peter, Juana y Elías. Les amo mucho. A mis cuñados y cuñadas.

A mis suegros, Antonio y Miriam Grillo, les amo.

A mi amada iglesia «Casa de Júbilo» ustedes me han puesto a producir.

A mis hermanos, Luís De Jesús y Claribel Hernández Colón, mi gente, mi apoyo.

A mis tres secretarias, Lourdes, Mirna y Erica. Les debo mucho, gracias.

A mis coordinadores, Héctor Cabrera y Nilsa, Biembe, Lydia y Jachy. Mil gracias, seguimos mejorando, ok.

A todo el pueblo que cree en mí, gracias.

A Editorial Vida, Jobita, Esteban, y todo el equipo.

A este escuadrón de reyes que han influenciado mi vida y ministerio.

Pastor: Radhames Arias
Pastor: Rafael Torres Ortega
Pastor: Tommy Moya
Pastor: Glenn Wilson
Apóstol: Edwin Santiago
Apóstol: Nahum Rosario
Pastor: Hilder Idalgo
Pastor: David Greco
Pastor: Billy Bamberg
Obispo: Jeremías Torres
Juez: Jorge Lucas Escribano
Pastor: Reynaldo Burgos
Pastor: Esteban Fernández
Pastor: Tony Grillo
Pastor: Manuel Machado
Pastor: Ángel Vergara

Y al único que merece la gloria y el honor y la alabanza «Jesús» gracias a él no he desmayado.

Introducción

Alguien dijo: «La espera desespera». Cuando digo esta frase siento que la misma, antecede al fracaso, porque son muchas las personas que me encuentro en mi caminar, lamentándose por no haber podido mantenerse en el nivel que le impulsaría a su destino de triunfo.

Creo firmemente que cada uno de nosotros tenemos una misión, un propósito en la tierra. No es justo que muramos sin que se cumpla nuestra misión. Muchos no lo logramos porque vivimos aferrados a un pasado que nos marcó por diversas experiencias. Lo peor es, pertenecer a la altura y vivir en las profundidades del fracaso. Otros lamentablemente son muy dependientes de las opiniones de los demás. Algunos están presos de falsas profecías que le mataron la fe.

Este libro es para gente que quiere ir de triunfo en triunfo. Que no solo se miden por sus logros alcanzados, sino que se miden por el depósito que tienen dentro. Gente que no se dejan guiar por voces extrañas. Que cada día se convencen que nacieron para algo más que sobrevivir. Que han puesto su confianza en Dios, y que están listos para ser promovidos al próximo nivel, porque saben que la gloria postrera será mayor que la primera.

Si quieres subir de nivel, no desmayes, siéntate cómodo y comienza a leer.

Pastor: René González
Iglesia Casa de Júbilo
San Juan, Puerto Rico

Prólogo

Conozco a René hace alrededor de trece años. Nuestro primer encuentro fue en un congreso de jóvenes en la ciudad de Orlando, Florida. Desde entonces hemos compartido en varios eventos, y somos parte del mismo equipo ministerial de *Rompiendo los limites y Encuentro de embajadores.* He tenido el privilegio de ver su desarrollo y aun contribuir en los procesos y transiciones de su vida y ministerio. Su trayectoria como cantante, sin duda, ha impactado la vida de todos aquellos que hemos sido expuestos a su música, pero mucho más a su persona.

El escribir un libro no es solo la recopilación de información, es impartir algo del corazón del autor. Sus deseos, valores y espíritu, se deben reflejar en cada página y capítulo. Eso es lo que encontrarás en este libro. En él podrás ver el corazón de un hombre que califica para aconsejarle a los que están comenzando, y modelarle a los veteranos que no es necesario el compromiso con el mundo para alcanzar el destino y propósito de Dios para la vida.

Las exhortaciones del libro te llevarán a reflexionar. Serás motivado a no desmayar y a entender, que lo que puedas estar pasando hoy, ya otros lo han vivido antes que tú, por lo tanto, si otros lograron vencer, tú también podrás.

En este libro también podrás ver el corazón de un hombre que Dios le ha *transicionado*. El gran cantautor que ha tocado el corazón de miles de personas, hoy es el pastor de una gran iglesia. Sentirás la ternura del corazón pastoral, y la firmeza de la experiencia, amonestando y corrigiendo deficiencias en la vida y desarrollo del ministerio.

Aprenderás principios necesarios no solo para pasar a otro nivel, sino también para mantenerte en el nivel que Dios te ha permitido. Este libro está escrito para motivarte a que *¡No Desmayes!*

Pastor Tommy Moya
Centro Cristiano Restauración
Orlando, FL

Capítulo 1

¿Cuáles son tus motivaciones?

Capítulo 1

¿Cuáles son tus motivaciones?

Estoy seguro de que alguna vez habrás escuchado los siguientes nombres: *Lucifer*, *La Torre de Babel*, *El Titanic*, *Los Beatles*... o quizás hayas estudiado la historia de alguno de ellos, si es así, deseo que al leer este capítulo puedas cuidar tu corazón para que no te dejes influenciar por la ansiedad de alcanzar lo que no has alcanzado, por el recuerdo de lo que pudo ser y no es, y mucho menos, por la presión de grupo.

No permitas que tu visión te distorsione, deja que el espíritu de Dios trabaje en tu interior, y así podrás llegar al próximo nivel... Echemos un vistazo cuidadosamente a lo que pasó con cada uno de ellos. Evita que te suceda lo mismo.

Lucifer

Su nombre significa luz o lucero de la mañana. Hoy día se le conoce como Satanás o Diablo. Estaba en la presencia de Dios. Estaba rodeado de esplendor y de gloria. Ocupaba un lugar de excelencia, pero se halló maldad en él.

> *¡Como caíste del cielo, oh Lucero, hijo de la maña-*
> *na! Cortado fuiste por la tierra ... Tú que decías*
> *en tu corazón; subiré al cielo; en lo alto, junto a*
> *las estrellas de Dios, levantaré mi trono, y en el*
> *monte del testimonio me sentaré, a los lados del*
> *norte; sobre las alturas ... subiré, y seré semejante*
> *al Altísimo* (Isaías 14:12-14).

Esto pone en evidencia de dónde provino la caída de Satanás; provino de sus motivaciones. Él quería tener su propio trono, y además, ser igual o más que el Altísimo. Aquí hay un detalle muy importante. Nosotros, como hijos de Dios, tenemos el derecho de adquirir toda bendición en el cielo y en la tierra. En Efesios 1:3-4 dice: *Que nos bendijo con toda bendición espiritual en los lugares celestiales en Cristo, según nos escogió en él antes de la fundación del mundo.*

Imagínate, nosotros que no hemos estado en el cielo, y que todo lo que alcanzamos es por fe, en cambio Lucifer, que estuvo allí, y que fue rodeado de toda esa gloria, aún así, se halló maldad en él ¡Cuídate...!

La Torre de Babel

No podemos negar que la Torre de Babel fue una gran hazaña, un logro humano espectacular. La historia reconoce que fue una de las maravillas del mundo, pero, su objetivo era honrarse ellos mismos; ellos construyeron la Torre de Babel para su propia grandeza, no para honrar al Dios que le había dado la vida.

> *Y dijeron: Vamos, edifiquémonos una ciudad y una torre, cuya cúspide llegue al cielo; y hagámonos un nombre, por si fuéremos esparcidos sobre la faz de toda la tierra* (GÉNESIS 11:4).

Es curioso que su motivación les hizo profetizar su futuro (*hagámonos un nombre, por si fuéremos esparcidos sobre la faz de toda la tierra*); porque realmente fueron esparcidos, pero, sin alcanzar la grandeza que buscaban.

LOS BEATLES

Jamás un grupo en ese momento pudo tocar el mundo como ellos. Multitudes le seguían. Eran aclamados por todos los medios de comunicación. Para la prensa, tener el nombre de alguno de ellos encabezando un titular, era significativo, era símbolo de grandeza (se vendían miles de ejemplares). Eran la atracción del momento, John Lennon, Paul McCartney, George Harrison y Ringo Starr probaron el sabor de la fama, de la gloria y de la fortuna. Estaban muy seguros de su gloria, sin embargo, ignoraban la mayor gloria, que es la gloria de Dios. Ellos proclamaron: *Seremos más famosos que Cristo y nadie jamás nos separará.*

Hoy solo queda un recuerdo, su música, y finalmente, algunas controversias en cuanto a la autoría de sus temas musicales.

El Titanic

Recientemente, el mundo entero volvió a revivir esta triste historia al rodar en las principales salas de los teatros la película que llevaba su mismo nombre, *Titanic*. De nada sirvió lo que dijo el constructor: *Ni el mismo Dios podrá destruir esta creación.*

Ya sabes la historia, miles de personas murieron cuando el gigantesco barco no pudo vencer la naturaleza y chocó contra un pedazo de hielo que debilitó el poderoso barco. Porque nada creado por el hombre irá por encima de lo establecido por Dios. Ya lo vez, nombres distintos, épocas distintas, con algo en común: «sus motivaciones».

Mi querido amigo, no hay nada malo en querer ser grande. Todos tenemos derecho a crecer, a conocer, a tener riquezas, a soñar, a ascender de nivel. La Biblia dice:

Toda buena dádiva y todo don perfecto desciende de lo alto, del Padre de las luces (Santiago 1:17).

La bendición de Jehová es la que enriquece, y no añade tristeza con ella (Proverbios 10-22).

La Biblia habla de prosperidad, de fama, de altura, de éxito, de riqueza y de abundancia. Primera Timoteo 6:17 nos dice que *pongamos nuestra esperanza en Dios que nos da todas las cosas en abundancia para que las disfrutemos.* Dios ama la prosperidad de sus hijos, y al que quiera ser sabio, le da sabiduría.

Y si alguno de vosotros tiene falta de sabiduría, pídala a Dios, el cual da a todos abundantemente y sin reproche, y le será dada (Santiago 1:5).

Y aun más, él está dispuesto a darte más de lo que quieres. ¿Lo crees? Yo lo creo. Yo lo vivo.

Y a Aquel que es poderoso para hacer todas las cosas mucho más abundantemente de lo que pedimos o entendemos, según el poder que actúa en nosotros (EFESIOS 3:20).

Está claro que la grandeza no es un problema. Las riquezas, no son un problema. La sabiduría tampoco lo es, al contrario, la Biblia dice que todo esto son bendiciones. La pregunta es: ¿Qué hay detrás de lo que quieres alcanzar? ¿Cuál es tu motivación? En este capítulo hablaremos de «las motivaciones».

No pretendo limitarte en tu crecimiento personal, todo lo contrario, quiero inyectarle fe a tus sueños para que alcances tus metas. Quiero motivarte a soñar en grande con el éxito para que ocupes lugares de excelencia, porque tú naciste para el éxito.

La palabra motivación es el estímulo que anima a una persona a mostrar interés por una cosa determinada. Es la causa o razón que hace que una persona actué de una manera determinada. Muchas veces escuché este comentario: «El fin no justifica los medios». Es decir, es muy valioso lo que quieres, pero la forma en que lo estás consiguiendo puede que no sea justa. Muchas veces no se toma en cuenta el daño que causamos a otros, solamente, por alcanzar lo que queremos.

Ese es el sistema del mundo. No hay misericordia en un mundo complejo y frío. Existe gente que quiere ser promovida a otro nivel para poder controlar, sin tomar en consideración el efecto que esto causará en el carácter de los demás. Este tipo de gente solo piensa en ser promovido a un nivel de autoridad, y de esta forma poder establecer su estilo de gobierno. Gente con sed de venganza que no han sanado las heridas del pasado, de modo que gobernarán sin justicia, solo por rencor.

Otros encierran en sí mismos raíces de amargura y solo piensan «hoy estoy abajo, y mañana estaré arriba... y entonces...». Algunos suben con intención de controlar a otros por venganza, y muy pocos por servir.

Otros, cuando suben, piensan que Dios les está haciendo justicia, y lo peor es que toman el lugar de Dios, y establecen ellos su propio juicio sin sabiduría, solo por impulsos carnales.

> *Pero si tienes celos amargos y contención en vuestro corazón, no os jactéis, ni mintáis contra la verdad; porque esta sabiduría no es la que desciende de lo alto, sino terrenal, animal y diabólica* (Santiago 3:14-15).

Para alcanzar un nivel más alto debes estar motivado por el deseo de servir.

Mucha gente quiere sabiduría para alcanzar sus metas, pero tus metas no deben estar basadas en lo que te hicieron. Para alcanzar un nivel más alto debes estar motivado por el deseo de servir, para que también otros puedan alcanzar lo que no han podido alcanzar.

> *Pero la sabiduría que es de lo alto es primeramente pura, después pacífica, amable, benigna, llena de misericordia y de buenos frutos, sin incertidumbre ni hipocresía* (Santiago 3:17).

Querido hermano y amigo, estoy obligado a hacerte estas preguntas: ¿Para qué quieres ministerio? ¿Cuál es el propósito? ¿Qué harás con él? Estoy totalmente seguro que todo el que quiere ministerio, primeramente, debe tener bien claro cuál es su misión en la vida, cuál es el propósito de su existencia. Vayamos conmigo a Efesios 1 y 2. En el capítulo 1 dice que desde antes de la fundación del mundo nuestra bendición está diseñada, está separada. En los versículos del 5 al 8 dice que Cristo nos ha devuelto una posición de altura, nos hace sabios e inteligentes, etc.

Más adelante en Efesios 2:10, está en parte nuestra misión y propósito.

Porque somos hechura suya, creados en Cristo Jesús para buenas obras, las cuales Dios preparó de antemano para que anduviésemos en ellas .

La palabra obra tiene muchas categorías y significados. Usaremos dos entre tantas que existen:

1. Objeto o trabajo en el que han participado los ayudantes del artista.
2. Acción que hace el cristiano para ayudar a los demás.

Cada obra que hagamos no es para gloriarnos, pero sí para traer gloria al nombre de Dios. La Biblia dice que el hombre es la corona de la creación, su obra muestra. Con nuestros servicios, con nuestra entrega, estamos colaborando para que la obra principal del gran artista siga luciendo bien. Observa esta enseñanza en Marcos 10:35-45.

Entonces Jacobo y Juan, hijos de Zebedeo, se le acercaron, diciendo: Maestro, querríamos que nos hagas lo que pidiéramos, él les dijo: ¿Que queréis que os haga? Ellos le dijeron: Concédenos que en tu gloria nos sentemos el uno a tu derecha, y el otro a tu izquierda. Entonces Jesús les dijo: No sabéis lo que pedís. ¿Podéis beber del vaso que yo bebo, o ser bautizados con el bautismo con que yo soy bautizado? Ellos dijeron: Podemos. Jesús les dijo: A la verdad, del vaso que yo bebo beberéis y con el bautismo que yo soy bautizado, seréis bautizados; pero el sentaros a mi derecha y a mi izquierda no es mío darlo, sino a aquellos para quienes están preparados. Cuando lo oyeron los diez, comenzaron a enojarse contra Jacobo y contra Juan. Más Jesús llamándolos, les dijo: Sabéis que los que son tenidos por gobernantes de las naciones se enseñorean de ellas, y sus grandes ejercen sobre ellas potestad. Pero no será así entre vosotros, sino que el que quiera hacerse grande entre vosotros será vuestro servidor y el que de vosotros quiera ser el primero, será siervo de todos. Porque el Hijo del Hombre no vino para ser servido, sino para servir, y dar su vida en rescate de muchos.

Fíjate bien en el versículo 38 donde Jesús les dice: «No sabéis lo que pedís» y les hace una pregunta: «¿Podéis beber del vaso que yo bebo o ser bautizado con el bautismo con que yo soy bautizado?». Hay que entender que el vaso del cual habla Jesús es el cáliz, que significa sufrimiento, y cuando se refiere al bautismo es cuando Juan el Bautista dijo: «He aquí el cordero de Dios» o sea el cordero del sacrificio.

Jesús nos dice hoy: Van a llegar alto, van a tener éxito, alcanzarán muchas bendiciones, pero también nos dice; habrá pruebas y sufrimientos; porque los lugares altos requieren servicio y esfuerzo.

El fenecido John F. Kennedy, ex-presidente de los Estados Unidos de Norteamérica dijo: «No es lo que el pueblo pueda hacer por mí, sino lo que yo pueda hacer por el pueblo». Y la Biblia nos dice: *Nada hagáis por contienda o por vanagloria; antes bien con humildad, estimando cada uno a los demás como superiores a él mismo; no mirando cada uno por lo suyo propio, sino cada cual también por lo de los otros* (FILIPENSES 2:3-4).

El apóstol Pablo dijo: *Con Cristo estoy juntamente crucificado, y ya no vivo yo, mas vive Cristo en mí; y lo que ahora vivo en la carne, lo vivo en la fe del Hijo de Dios, el cual me amó y se entregó a sí mismo por mí* (GÁLATAS 2:20).

> Los lugares altos requieren servicio y esfuerzo.

Es decir, mi naturaleza es del reino, y el principio del reino es «servicio», si buscas el reino de Dios, y su justicia, *todas las demás cosas nos serán añadidas.* Si nos deleitamos en Jehová, sirviendo sin pensar en las añadiduras, entonces *él concederá las peticiones* del corazón.

Hermano, no menosprecies los comienzos, ora *por* esos pequeños momentos. Recuerda lo que nos dice Job 8:7 : *y aunque tu principio haya sido pequeño, tu postrer estado será muy grande* (JOB 8:7).

No busques grandezas para ser aplaudido por los hombres, busca que el cielo te aplauda a ti. Los corazones contritos y humildes llaman la atención a todo lo que hay en los cielos. Cuando tus motivaciones prioricen unir el cuerpo de Cristo, entonces te estarás acercando a tu destino profético, tu ascenso estará más cerca de lo que tú pensabas. *La buena dádiva del hombre le ensancha el camino y le lleva delante de los grandes* (Proverbios 18:16).

No busques grandezas para ser aplaudido por los hombres, busca que el cielo te aplauda a tí.

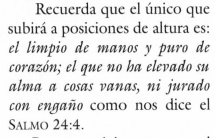

Recuerda que el único que subirá a posiciones de altura es: *el limpio de manos y puro de corazón; el que no ha elevado su alma a cosas vanas, ni jurado con engaño* como nos dice el Salmo 24:4.

Procura vivir esto en el lugar donde estés, el lugar donde te llevó Dios y no tú, solo de esta manera él afirmará tus pasos, y todo te saldrá bien. Sube hasta donde puedas subir; brilla donde puedas brillar; alcanza lo que puedas alcanzar, y cuando llegues a ese lugar soñado, a esa posición anhelada y la gente te mire, que no te vean a ti, sino que vean la imagen de Dios en tu vida. En todo lo que hagas y logres, busca glorificar el nombre de Dios. Sé humilde en todo. La humildad es lo que hace que le restes importancia a tus propias virtudes y logros, y es lo que te llevará a reconocer tus defectos y errores.

Humillaos delante del Señor, y él os exaltará (Santiago 4:10).

Los humildes tocarán el corazón de Dios sin mucho esfuerzo.

Dios resiste a los soberbios, y da gracia a los humildes (Santiago 4:6).

Que tus motivaciones sean traer gloria a su nombre, y que el mundo vea que Jesucristo es tu Señor, así el Señor te dará las riquezas de su reino sin reproche y en abundancia.

No desmayes ante la situación. No cedas ante las maquinaciones de este mundo. No te distraigas en el camino y sigue firme, tú tienes un destino, no necesitas usurpar ministerios ni posiciones, porque desde antes de la fundación del mundo hay una agenda para ti. Dios no está improvisando con tu futuro. David no tenía un trono,

Cuando llegues a ese lugar soñado, que vean la imagen de Dios en tu vida.

pero tenía el llamado. No necesitó de un trono en un palacio para ser rey, porque los verdaderos reyes reinan hasta en las cuevas. David fue echado del reino, pero no del plan de Dios. Fue perseguido, pero no destruido. Él también cometió errores, pero llegó a su destino profético. De pastor de ovejas ascendió al trono y se convirtió en el rey de Israel.

¡No desmayes!, espera la señal, porque pronto llegarás al próximo nivel.

Capítulo 2

RESPONSABILIDAD

Capítulo 2

RESPONSABILIDAD

Alguien dijo en una ocasión: «Es más difícil desaprender que aprender». He escuchado estas palabras muchas veces, pero lo más triste es que sale de la boca de gente que no quiere enfrentarse a los retos que los cambiarán de una vez y para siempre.

Está claro que la vida está llena de retos que parecen imposibles, pero, la Biblia está llena de declaraciones vivas y poderosas, verdades que nos impulsan a vencer todo obstáculo y a enfrentar todo reto.

Precisamente, los retos son los que ponen a prueba nuestro carácter, son la mejor plataforma para mostrar de qué estamos hechos.

Está claro que la vida está llena de retos que parecen imposibles, pero, la Biblia está llena de declaraciones vivas y poderosas.

Hermanos míos, tened por sumo gozo cuando os halléis en diversas pruebas (Santiago 1:2).

Aunque he comenzado con los «retos», no es mi intención enfatizar en ellos, quiero enfatizar en la palabra «responsabilidad» pues creo firmemente que uno de los retos más importantes es ser responsable ante Dios, ante el mundo, y ante nosotros mismos.

Responsabilidad:
Característica de una persona responsable, está asociada con la seriedad y el compromiso de cumplir cabalmente (fielmente) con lo que a uno se le requiere (Dicc. Vox).
Capacidad de todo sujeto de conocer y aceptar las consecuencias de un hecho realizado libremente (Salvat Edit).

Por la que, la responsabilidad, es la insaciable sed de mejorar nuestro carácter para poder cumplir mejor nuestro propósito en Dios así como con los hombres. David dijo: *Entenderé el camino de la perfección cuando vengas a mí. En la integridad de mi corazón andaré en medio de mi casa. No pondré delante de mis ojos cosa injusta* (Salmo 101:2).

El rey David tenía ante sí tremendo reto. Ya no estaba en el anonimato ni escondido en el desierto. Mucho menos en los campos donde cuidaba las ovejas de su padre.

Ahora está ante una multitud de gente. No está ahí para proyectar su imagen, está ahí para dirigir un pueblo, y sobre todo, para representar a Dios, que le había dado la victoria. David entendía que necesitaba ser *íntegro* para poder gobernar con justicia y con pureza en el reino. David sabía que lo que tenía que ajustar no era al pueblo, sino a su carácter, era su vida lo que tenía que cambiar. Por tal razón, nació está declaración que aparece en el Salmo 101:2. En este Salmo podemos ver tres pasos importantes de responsabilidad, estos son:

Uno de los retos más importantes es ser responsable ante Dios, ante el mundo, y ante nosotros mismos.

1. Seré perfecto en tu presencia, es decir, en tu presencia y por tu Palabra mi vida será perfeccionada.

2. Guardaré la integridad de mi corazón para gobernar mi casa, que es la casa de Dios.

   Si Jehová no edificare la casa, en vano trabajan los que la edifican; si Jehová no guardare la ciudad, en vano vela la guardia (SALMO 127:1).

3. No prestaré mis ojos para la injusticia, no dañaré mi visión.

He aquí un verdadero acto de responsabilidad, David quería comenzar un reinado con rectitud. Tomando en consideración el Salmo 139, comprenderemos que una persona responsable es aquella que se examina, que busca dentro de sí, para identificar las cosas que no le permiten llegar al otro lado.

El primer acto de responsabilidad es aquel en el que reconocemos que hay cosas que cambiar. Que tenemos que despojarnos de cosas que echarán a perder nuestro destino profético.

> *Examíname, oh Dios, y conoce mi corazón; pruébame y conoce mis pensamientos; y ve si hay en mi camino de perversidad, y guíame en el camino eterno* (Salmo 139:23-24).

Una persona responsable es aquella que se examina, que busca dentro de sí, para identificar las cosas que no le permiten llegar al otro lado.

En mi caso procedo de una familia hermosa, y sobre todo muy unida, donde el amor se podía respirar en cada esquina de la casa, una familia común y corriente, quizás parecida a la tuya. En lo que a mi se refiere, tuve mis problemas; me atrasé en la escuela porque estuve enfermo. No desarrollé un buen hábito de estudio y, a consecuencia de esto, no me gustaba leer. Prefería sentarme frente al televisor y ser informado, pero nunca me tomaba un tiempo para leer. Realmente no me gustaba la lectura.

Pasó el tiempo y Dios me llamó al santo ministerio, fue en ese momento cuando comenzó a desatarse una tormenta dentro de mí, pues me sentía *no apto* para asumir el reto debido a mi irresponsabilidad.

Quizás tú digas: «Pero Dios es el que capacita» y mi respuesta es «sí, Dios capacita a través de su Palabra por el Espíritu Santo», pero debemos entender que Dios no obra por medio de hechos aislados, a Dios le gusta usar materia prima para formar las cosas; no es un reglamento para él trabajar, pero le gusta trabajar de esa forma.

Por ejemplo: Dios formó a Adán del polvo de la tierra. Él podía decir solamente una palabra para formar al hombre, sin embargo, usó el polvo de la tierra.

Otro ejemplo que podemos citar es el haber salvado a la humanidad por medio del derramamiento de la sangre de su hijo, Jesús. Él pudo solamente haberle hablado a la condición del hombre y solucionarlo todo con su Palabra.

Con esto, lo que busco establecer es, que al capacitarte y mejorar tu carácter, Dios tomará ese esfuerzo, ese acto de responsabilidad, para que su obra sea más efectiva y tú seas un vivo testimonio de aquellos que son cambiados por la Palabra y se niegan a quedarse estancados.

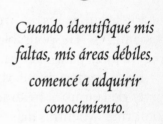

Cuando identifiqué mis faltas, mis áreas débiles, comencé a adquirir conocimiento.

Cuando identifiqué mis faltas, mis áreas débiles, comencé a adquirir conocimiento.

A partir de ese momento fui fortaleciendo mis áreas débiles para poder cumplir con el ministerio que Dios me estaba confiado.

Allí fue donde comenzó mi sentido de responsabilidad, identificando mi problema y corrigiéndolo. La Biblia dice:

No os conforméis a este siglo sino, transformaos por medio de la renovación de vuestro entendimiento, para que comprobéis; cuál sea la buena voluntad de Dios, agradable y perfecta (ROMANOS 12:2).

Si quieres estar a la vanguardia, actualizado, acorde con lo que está sucediendo hoy día, debes renovarte, no te conformes con lo aprendido; todavía hay más por aprender.

No te quedes estacionado en una época, la gente responsable se renueva, y la verdadera renovación comenzará en nuestra mente, porque de la abundancia del corazón hablará tu boca.

> *Porqué cual es su pensamiento en su corazón, tal es él* (Proverbios 23:7).

El hombre es el resultado de sus pensamientos. Debemos ser responsables, identificar qué cosas tenemos que mejorar para que seamos promovidos a otro nivel.

En el tiempo que llevo ministrando la Palabra de Dios a través de la música he grabado nueve discos, y nunca quedo conforme. Mientras más escucho uno de los discos más concluyo que lo «pude hacer mejor».

El conformismo no te permite crecer, el conformismo te estanca.

Lo mismo me sucede como pastor en nuestra iglesia «Casa de Júbilo». Grabamos los mensajes que predicamos, y siempre me llevo una copia para escucharlo y mejorarlo; pues cada día quiero dar lo mejor de mí. No podemos ser conformistas. *El conformismo no te permite crecer, el conformismo te estanca.*

Algunos dicen: «Es que yo siempre he sido así, y si el Señor me llamó, que me use tal como soy». Querido amigo, pensar así es muy grave, es un terrible error. Lo primero que ocurre cuando el Espíritu Santo de Dios viene a nosotros es un *cambio*.

De modo que si alguno está en Cristo, nueva cria-
tura es; las cosas viejas pasaron; he aquí todas son
hechas nuevas (2 Corintios 5:17).

Aunque esta palabra se refiere a la antigua vida y a la nueva vida en Cristo, también afecta nuestra conducta diaria, y las cosas que quedan escondidas en nosotros. No podemos atribuir nuestras actitudes de hoy, a conductas aprendidas.

En cuanto a la pasada manera de vivir, despojaos
del viejo hombre, que está viciado conforme a los
deseos engañosos, y renovaos en el espíritu de vues-
tra mente (EFESIOS 4:22-23).

No podrás mantenerte en el nivel en que estás, ni mucho menos alcanzar el otro nivel, sino cambias de actitud. *Recuerda que tu actitud refleja tu altitud.*

Recuerda que tu actitud
refleja tu altitud.

La sicología plantea que todos tenemos un niño dentro que nos hace lucir mal cuando queremos lucir bien. Que en ocasiones este niño es tímido, impulsivo, travieso, irresponsable, terco y que trae en sí otras características. En cuanto a esto también el apóstol Pablo nos dice la siguiente declaración:

Cuando yo era niño, hablaba como niño, pensaba
como niño, juzgaba como niño; más cuando ya fui
hombre, dejé lo que era de niño (1 CORINTIOS 11).

Si quieres escalar el próximo nivel que Dios ha diseñado para tí, examínate, identifica y fortalece el hombre interior que hay en ti para que ese hombre domine al niño.

Quizás Dios te llamó cuando eras niño, sin embargo, ha llegado el tiempo de crecer a la altura de un varón perfecto. Si quieres escalar el próximo nivel que Dios ha diseñado para ti, examínate, identifica y fortalece el hombre interior que hay en ti para que ese hombre domine al niño.

A propósito, comienza ahora mismo cambiando tu lenguaje, cancela toda palabra activada en los aires en tu contra, y declara que *naciste para el éxito*.

> *Todo lo puedo en Cristo que me fortalece* (Filipenses 4:13).

Tienes que cambiar la opinión que tienes de ti mismo. Tú no eres el resultado de tu pasada forma de vivir. Tú eres lo que Dios dice que tú eres. Descubre quién eres en Dios con responsabilidad, tú perteneces a la realeza. A ti no te define ni tu pasado ni la opinión de los demás.

Cancela toda palabra activada en los aires en tu contra, y declara que naciste para el éxito.

Más vosotros sois linaje escogido, real sacerdocio, nación santa, pueblo adquirido por Dios, para que anunciéis las virtudes de aquel que os llamó de las tinieblas a su luz admirable (1 Pedro 2:9).

Dios te dice hoy: TE ESCOGÍ PARA QUE ME REPRESENTES. El Señor Jesucristo dijo: *Si me conocieseis, también a mi Padre conoceríais; y desde ahora le conocéis y le habéis visto* (JUAN 14:7). *El que me ha visto a mí, a visto al Padre* (JUAN 14:9).

Tú tienes que vivir a la altura que Dios te exaltó, para que el que te vea a ti, vea a Cristo. Si estás esperando que Dios te cambie, estás equivocado; pues Dios está esperando que tú cambies, por lo que él dijo de ti en su Palabra.

> *Así que ya no sois extranjeros ni advenedizos, sino conciudadanos de los santos, y miembros de la familia de Dios* (EFESIOS 2:19).

> *Vosotros sois la sal de la tierra ... Vosotros sois la luz del mundo* (MATEO 5:13-14).

Tienes que cambiar la opinión que tienes de ti mismo. Tú no eres el resultado de tu pasada forma de vivir. Tú eres lo que Dios dice que tú eres. Descubre quién eres en Dios con responsabilidad, tú perteneces a la realeza. A ti no te define ni tu pasado ni la opinión de los demás.

Tú tienes la unción de preservar la tierra. Tú tienes la unción de hacer brillar al mundo. Vístete del nuevo nombre creado según Dios en la justicia y santidad de la verdad. Recuerda que cuando Dios mira a su pueblo no mira hacia abajo, mira hacia a la derecha, donde está sentado Cristo.

Recuerda que cuando Dios mira a su pueblo no mira hacia abajo, mira hacia a la derecha, donde está sentado Cristo.

Y juntamente con él nos resucitó, y asimismo nos hizo sentar en los lugares celestiales con Cristo Jesús (Efesios 2:6).

La verdadera muestra de responsabilidad está en aquel que no cede ante los comentarios, las presiones de grupo ni ante sus propias debilidades. Si al leer este capítulo has identificado alguna de estas cosas en ti, confiésalas en este momento ante el Señor, pídele que te ayude a deshacerte de ellas. Si al pasar el tiempo notas que aún sigues descubriendo otras: *¡No Desmayes!* Él *no* te descalificará hasta que perfeccione la obra que comenzó en ti.

> *Estando persuadido de esto, que el que comenzó en vosotros la buena obra, la perfeccionará hasta el día de Jesucristo* (Filipenses 1:6).

Cada día debes mejorar, debes renovar tus pensamientos, agudizar tu vista y aprender a distinguir la voz de Dios. Aprovecha bien el tiempo. Traza bien tus metas. Reconoce cuando cometes un error. Aprende cuándo detenerte, cuándo seguir, cuándo hablar, cuándo callar, cuándo exigir y cuándo esperar. A esto yo le llamó *responsabilidad*.

Capítulo 3

«Dime con quién andas...»

Capítulo 3

«DIME CON QUIÉN ANDAS...»

Uno de los dichos o frases más antiguas que he escuchado es precisamente el título de este capítulo: «Dime con quién andas… y te diré quién eres». Esto dicho expone lo que es el poder de la influencia, e implica, que según sea tu conducta se sabrá con qué tipo de gente compartes tu tiempo de mayor receptividad. Asimismo de acuerdo con las personas que te relacionas, se podrá determinar tú conducta. Porque cada persona tiene el potencial de influenciar en otros.

Por la naturaleza del ministerio que Dios me ha confiado, todo el año estoy viajando a distintas partes del mundo.

Cada persona tiene el potencial de influenciar en otros.

Me he topado con personas que al escucharles hablar, por su acento, parecen mexicanos, y no lo son. Otros suenan como argentinos, y no lo son. Otros como dominicanos, y tampoco lo son, etc. Lo curioso es que ninguno de estos han vivido fuera de su tierra, sin embargo, se han relacionado con alguna de estas nacionalidades. A esto le pudiéramos llamar «costumbrismo» o «poder de influencia». Lo que sucede es que en el fondo, quizás no sean lo que la gente percibe, por lo que ganan reputaciones injustas, solamente por lo que proyectan, por lo lugares que frecuentan, y por supuesto, por la gente con quién se relacionan.

Cuando la Biblia habla que «no se debe hacer acepción de personas» se refiere a que no le debemos negar el Pan (la Palabra de Dios) a nadie, que no debemos dejar de ser de bendición a otros. Pero, al momento de seleccionar con quién vamos a andar o nos vamos a relacionar, tal vez por el resto de nuestros días, ahí *sí* tenemos que seleccionar con mucho cuidado y responsabilidad, para no dañar el depósito divino que hay en nosotros. El rey David dijo:

Mis ojos pondré en los fieles de la tierra, para que estén conmigo (Salmo 101:6).

Entonces debemos escoger cuidadosamente nuestras amistades, porque, en algún momento, adoptaremos mucho más que sus ademanes, adoptaremos sus actitudes, aun más, *su estilo de vida*.

Nunca subestimes el poder de la influencia

Hay gente de buen corazón que tiene buenas intenciones, diestros en la consejería, hombres y mujeres aptos para enseñar, pero en ocasiones, las buenas intenciones y consejos de hombres, no van de acuerdo con la voluntad de Dios para contigo.

> *Porque mis pensamientos no son vuestros pensamientos, ni vuestros caminos mis caminos, dijo Jehová* (ISAÍAS 55:8).

Quiero que consideres dos historias que te ayudarán a seleccionar gente de destino y propósito que no altere el plan de Dios para tu vida.

David y Jonatán

Después que David mató al gigante Goliat (hazaña que todos conocemos) David es favorecido por el rey Saúl el cual pregunta insistentemente por el origen de David. En 1 Samuel 18:1, Jonatán hijo de Saúl, quedó ligado en *alma* y espíritu a David y lo amó Jonatán como a sí mismo.

El espíritu de David le impactó de tal forma que atrajo la atención y el respeto nada más y nada menos del sucesor del trono. ¿Qué cosas percibió Jonatán de David? ¿A quién le podría llamar la atención una persona sin asearse, ensangrentado, con la cabeza de Goliat en sus manos?

Querido amigo, los hombres de destino y propósito que son marcados por Dios para grandes hazañas, nunca pasarán inadvertidos. Son imanes que atraen a diferentes personas,

Los hombres de destino y propósito que son marcados por Dios para grandes hazañas, nunca pasarán inadvertidos.

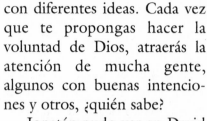

con diferentes ideas. Cada vez que te propongas hacer la voluntad de Dios, atraerás la atención de mucha gente, algunos con buenas intenciones y otros, ¿quién sabe?

Jonatán pudo ver en David carácter y autoridad. Pudo ver humildad y sinceridad. También pudo ver a un chico impetuoso capaz de todo; en plena metamorfosis, convirtiéndose en hombre, pero falto de algunas herramientas necesarias para batallas venideras, porque en todo proceso de tu vida, Dios permitirá que se acerque gente que te ayude a desarrollar tu capacidad: la elección es tuya… escoge bien a la gente que te llevará a tu destino.

En el versículo 3 vemos lo siguiente: *E hicieron pacto Jonatán y David, porque él le amaba como a sí mismo.* Cuando dice que le amaba como a sí mismo estaba hablando categóricamente de respeto, lo vio a su nivel, lo vio como un candidato al trono (porque el candidato al trono era Jonatán). Nació en su corazón la pasión para honrar a David. Jonatán estaba venerando a quien cambiaría el destino de su pueblo.

Debes entender que la gente que dice que te ama y te respeta, lo primero que hace es honrarte. Esto fue lo que hizo Jonatán a David. En el versículo 4 dice:

> *Y Jonatán se quitó el manto que llevaba, y se lo dio a David, y otras ropas suyas, hasta su espada, su arco y su talabarte* (1 Samuel 18:4).

Tú necesitas gente que te cubra como Jonatán cubrió a David con su manto. El manto es autoridad... el manto representa que llegó tu tiempo. Necesitas gente que no vocifere tus faltas y errores, sino que te ayude a corregirlos. Gente que te equipe con las armas necesarias para que venzas en las batallas que se avecinan como lo hizo Jonatán, que dio su espada, su arco y su talabarte.

Gente de pacto, de palabra, de una sola postura; íntegros, fieles, verdaderos, dispuestos a renunciar a su puesto de hijo del rey, que no se aferren a su posición y que comparta su gloria. Gente que prefiera dejar huellas en el pueblo y no en las paredes del palacio.

¡Qué acto tan heroico hizo Jonatán!, le transfirió más que su autoridad, le cedió su lugar y se puso a disposición para que David llegara al trono. La persecución que vivió David fue terrible, pero Jonatan estuvo allí en el momento de crisis, sin importarle las consecuencias que esto le podía causar.

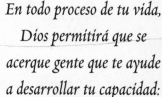

En todo proceso de tu vida, Dios permitirá que se acerque gente que te ayude a desarrollar tu capacidad: la elección es tuya... escoge bien a la gente que te llevará a tu destino.

Una de las expresiones de lealtad más profunda de Jonatán hacia David la encontramos en 1 Samuel 20:4: *Y Jonatán dijo a David: Lo que deseare tu alma, haré por ti.*

Jonatán no solo se dispuso, sino que lo hizo, aun en contra de su padre, el rey Saúl, que quería impedir el destino profético de David. Saúl se sentía amenazado por David. Él estaba dispuesto a hacer cualquier cosa para impedir que David llegara a convertirse en el próximo rey de Israel. Saúl

Tú necesitas gente que te cubra como Jonatán cubrió a David con su manto.

habló palabras de fracaso sobre David y aun en contra de su hijo Jonatán.

Sácale el cuerpo a la gente que solo piensa en ellos, gente mal intencionada que en su mundo no hay lugar para nadie más, gente egoísta, amadores de sí mismos, vanidosos, gente que su grandeza es símbolo de egoísmo.

David y los tres valientes

Esta historia es una de mis favoritas, aunque es muy corta; creo que es una de las hazañas más heroicas de todos los tiempos. David tuvo treinta valientes los cuales vivieron grandes aventuras. Eran hombres capaces de cualquier cosa, y lo más hermoso e importante de ellos era su lealtad y deseo de complacer a su líder en todo momento. De todos estos hombres se destacaron tres que eran los más valientes.

Joseb-basebet

Este era el principal de los tres; peleó junto a David en uno de los enfrentamientos más difíciles. Este hombre mató ochocientos hombres con su lanza.

Eleazar

Estuvo con David en un enfrentamiento contra los filisteos, mientras que los israelitas se retiraron. Eleazar se mantuvo firme sin rendirse y tanto fue su coraje y su lucha que su espada se quedó pegada a su mano al terminar la batalla.

SAMA

El escenario fue un sembradío de lentejas. Otra vez los israelitas huyen ante los filisteos, pero Sama se queda en medio del campo y derrota a sus enemigos.

Estos hombres trajeron con su valentía, determinación y fidelidad grandes victorias al pueblo de Israel, *porque* Jehová Dios estaba con ellos.

Otros tres valientes de los treinta jefes vinieron en tiempo de la ciega a David en la cueva del Adulam.

En 2 Samuel 23 del versículo 15 en adelante está la historia que quiero que consideres. El versículo 15 dice:

Como David tenía mucha sed exclamó: *¡Quién me diera a beber del agua del pozo de Belén que está junto a la puerta!*

En el versículo 16 sigue diciendo:

> *Entonces los tres valientes irrumpieron por el campamento de los filisteos, y sacaron agua del pozo de Belén que estaba junto a la puerta; y tomaron, y la trajeron a David; mas él no la quiso beber, sino que la derramó...*

Cualquiera podría pensar que David no era agradecido, porque primero dice que tiene sed, le traen el agua, y luego la derrama en la tierra. Para entender esto tenemos que considerar algunas prácticas en las costumbres hebreas y de esta forma descubrir la poderosa enseñanza que aquí se encierra.

Cada uno de nosotros sabemos que uno de los pueblos más fieles a sus costumbres (rituales), es el pueblo hebreo. Entre tantas costumbres hay una que tiene que ver con las ofrendas de adoración a Jehová Dios. Sabemos que la ofrenda es un gesto de agradecimiento, el pueblo la presentaba en diferentes formas, ya sea ofreciendo animales en sacrificio; ofreciendo oro o plata, y con los frutos de la tierra. Entre estos se encuentran los frutos líquidos como: agua, vino, aceite, leche y miel. Es decir, con todo lo que representaba valor para ellos con eso adoraban a Jehová Dios (porque la ofrenda es para adorar a Jehová Dios). Entre tantas formas de ofrenda está la ofrenda de «libación» que consiste en derramar uno de estos líquidos sobre los animales sacrificados o sobre la tierra, en señal de adoración.

David se encontraba cansado de tantas batallas, estaba en la cueva de Adulam y fue allí cuando exclamó: ¿Quién me diera a beber del agua del pozo de Belén? Estas aguas se conservaban totalmente frescas. En esos momentos lo más preciado y anhelado por David era saciar su sed con esa agua.

Estos hombres fieles y valientes pusieron en riesgo sus vidas, pues los filisteos se habían apoderado de Belén donde estaba el pozo. Los filisteos tenían una guarnición (un cuartel) muy bien custodiado en ese mismo lugar donde estaba el pozo. Para estos tres fieles de David, lo más importante era saciar la necesidad de su líder. Emprendieron la marcha y pudieron sacar agua del pozo y la llevaron a David. David usó el agua para adorar a Dios, y no para su necesidad, derramando el agua en tierra... y estos valientes no se lo reprocharon.

¿Estarás tú rodeado de valientes de esa talla? ¿Serán realmente los que están cerca de ti fieles? Tú te debes rodear de gente que vaya al campo enemigo y tome lo que nos pertenece. Gente que te ayude a adorar en medio del desierto, gente con visión que te ayude a ver más allá, gente que conozcan las artimañas del enemigo y lo destruya.

Podemos ver cuando el apóstol Pablo le profetiza a Timoteo sobre los últimos tiempos y les habla sobre el peligro que había en ellos:

Ahora bien, ten en cuenta que en los últimos días vendrán tiempos difíciles. La gente estará llena de egoísmo y avaricia; serán jactanciosos, arrogantes, blasfemos, desobedientes a los padres, ingratos, impíos, insensibles, implacables, calumniadores, libertinos, despiadados, enemigos de todo lo bueno, traicioneros, impetuosos, vanidosos y más amigos del placer que de Dios. Aparentarán ser piadosos, pero su conducta desmentirá el poder de la piedad. ¡Con esa gente ni te metas! (2 TIMOTEO 3:1-5 NVI) En la Versión Reina Valera del 1960 el final del verso 5 dice: *a estos evita.*

Está claro que el Apóstol le dice a su hijo en la fe que el peligro de estos tiempos será este tipo de gente. En el nombre del Señor, si quieres subir al próximo nivel procura estar cerca del plan de Dios y lejos de este tipo de gente.

La recomendación del apóstol Pablo es *evitar* esta gente. No es hacer reuniones de oración con ellos, ni ayunos forzosos para ver si cambian, solo *evítalos*; no vaya a ser que descubran tu debilidad y te conviertas tú a ellos, porque el que está lejos de Dios y muy cerca de la gente, es ahogado por la influencia. Recuerda esto: *El que habita al abrigo del Altísimo morará bajo la sombra del Omnipotente* (SALMO 91.1).

El altísimo será tu mayor influencia, pensarás como él, caminarás como él, vivirás por él y te mantendrás en el nivel donde estás hasta ser promovido por él. Que nunca se te olvide que tu futuro se puede descifrar de acuerdo a la gente que te rodea, pero muchas veces ellos son la revelación de tu postrer estado. *¡No desmayes! ... y subamos a otro nivel!*

Capítulo 4

«Espera la señal»
(Cuando Jehová lo indique... lo haremos)

Capítulo 4

«Espera la señal» (Cuando Jehová lo indique... lo haremos)

Es la carrera más importante de sus vidas, todos están en sus respectivos lugares, cada uno de estos hombres y mujeres se han preparado al máximo dando lo mejor de sí. Ha sido un tiempo duro de mucho esfuerzo y entrenamiento. Cada uno de ellos ha reforzado sus áreas más débiles, porque cada área de su vida es importante para esta ocasión. Están allí porque fueron evaluados, pasaron por distintas pruebas, y dieron señal de que pueden; han sido aprobados. ¡En sus marcas, listos, fuera! A veces se escucha solo una denotación de algún revolver marcando la salida, un silbido,

> *En algún momento en nuestra vida vendrá el tiempo indicado que tendremos la oportunidad de manifestar lo que hay dentro de nosotros.*

o en ocasiones, solo se ve una persona con una bandera en movimiento para indicar el momento de salida.

Es curioso ver cuántas carreras se atrasan cuando alguien que al no esperar la señal se precipita al salir, porque hay un tiempo marcado para comenzar. Esto indica que aún después de toda esta larga temporada de preparación y de tanto esfuerzo necesitamos aprender cómo canalizar nuestros impulsos. Toda esa fuerza que hemos desarrollado, y cada una de nuestras capacidades tendrán que esperar, pues en algún momento en nuestra vida vendrá el tiempo indicado que tendremos la oportunidad de manifestar lo que hay dentro de nosotros. Como dice: Eclesiastés 3: *Hay un tiempo para todo*; y este es el tiempo de esperar...

No todo el que se adelanta llega a la meta

En ocasiones, es catastrófico adelantarse, por ejemplo, seguro que has visto en alguna información de televisión, o quizás en alguna carretera, un automóvil en una intersección que no está dispuesto a esperar el cambio de luz, precisamente esa luz le dará la señal, de esa señal depende si llegará a su destino o no, muchos no esperaron... quisieron adelantarse... y no lo lograron, teniendo como resultado a su apresurada decisión un final fatal. Lamentablemente se esfumaron sus sueños y metas; solo por no esperar la señal.

Como el ave que se apresura a la red, y no sabe que es contra su vida, hasta que la saeta traspasa su corazón (PROVERBIOS 7:23).

Después de tantos sacrificios y de trazarnos tantas metas, solo por no esperar y adelantarnos, traspasamos nuestro corazón y el corazón de Dios. A través de la historia hemos visto mucha gente con cualidades y habilidades para alcanzar todo en la vida, pero solo el adelantarse los apartó de alcanzar aquello para lo que fueron llamados, algo muy doloroso... ¿Alguna vez viste estas famosas carreras de maratonistas? Cuando un atleta sale antes de lo indicado, no se adelanta, sino que se atrasa y por ende atrasará a los demás, también desluce todo el evento.

ESPERAR

Esta palabra tiene una gran definición, y al llevar a cabo lo que enseña lograremos más en su verdad que en nuestras propias capacidades e intenciones. La palabra «esperar» está relacionada con la palabra «creer».

- Creer que va a ocurrir algo generalmente favorable.
- Quedarse en un lugar hasta que llegue una persona u ocurra algo.

Es curioso que esperar y creer estén totalmente relacionados en sus significados, y mucho más que estén ligados a la palabra *fe*. El libro de Hebreos nos habla sobre la fe, la describe de esta forma:

Es, pues, la fe la certeza de lo que se espera, la convicción de lo que no se ve (HEBREOS 11:1).

Cuando habla de *certeza* implica conocimiento seguro y claro de una cosa, es decir, sé lo que me espera y estoy claro de lo que viene. Cuando habla de *convicción* implica estar firme y claro de la verdad de lo que piensa o siente, entonces el esperar no debe desesperar como algunos dicen: «La espera desespera» porque sabemos que tarde o temprano sucederá lo esperado.

Cuando leemos la historia del pueblo de Dios, «Israel», notamos que los tiempos de persecución, escasez, tristeza, dolor y derrota eran el resultado de tomar decisiones fuera del tiempo indicado por Dios; no esperaron la señal. El rey David dijo:

> *Pacientemente esperé a Jehová, y se inclinó a mí, y oyó mi clamor* (SALMO 40:1).

Querido amigo, si nos hemos preparado en ciertas áreas para ser más efectivos en el ministerio que Dios nos ha confiado, y hemos desarrollado nuestras capacidades para brindar mejor servicio a los demás, entonces debemos honrarnos y mostrar a nuestros líderes y a nosotros mismos que estamos listos porque también hemos desarrollado la capacidad de «esperar».

No te lamentes por el tiempo transcurrido, en el proceso has adquirido herramientas que no tenías. ¿Has aprendido a esperar?

Recuerda que tu líder *sí* necesita gente que sea rápida, pero que ande *sin prisa*, a paso lento pero firme, gente que sepa *esperar* la señal, que siga directrices, gente capaz de controlar su energía porque conoce su tiempo de manifestación. No te lamentes por el tiempo transcurrido, en el proceso has adquirido herramientas que no tenías. ¿Has aprendido a esperar? La Biblia muestra distintas etapas en las que el pueblo de Dios experimentó victoria junto a sus respectivos líderes, por ejemplo, Josué, asistente y sucesor de Moisés.

Mi siervo Moisés ha muerto; ahora, pues, levántate y pasa este Jordán, tú y todo este pueblo, a la tierra que yo les doy a los hijos de Israel.

Yo os he entregado, como lo había dicho a Moisés, todo lugar que pisare la planta de vuestro pie.

Desde el desierto y el Líbano hasta el gran rió Éufrates, toda la tierra de heteos hasta el gran mar donde se pone el sol, será vuestro territorio.

Nadie te podrá hacer frente en todos los días de tu vida; como estuve con Moisés estaré contigo; no te dejaré ni te desampararé.

Esfuérzate y sé valiente, porque tú repartirás a este pueblo por heredad la tierra de la cual juré a sus padres que le daría a ellos.

Solamente esfuérzate y sé muy valiente, para cuidar de hacer conforme a toda la ley que mi siervo Moisés te mandó; no te apartes de ella ni a diestra, ni a siniestra para que seas prosperado en todas las cosas que emprendas.

Nunca se apartará de tu boca este libro de la ley, sino que de día y de noche meditarás en él, para que guardes y hagas conforme a todo lo que en él está escrito; porque entonces harás prosperar tu camino y todo te saldrá bien.

Mira que te mando que te esfuerces y seas valiente; no temas ni desmayes, porque Jehová tu Dios estará contigo en donde quiera que vayas (Josué 1: 2-9).

En estos versos las directrices son muy claras:

1. Tú pasarás y este pueblo al lado del Jordán.

Sobre tus hombros descansaron los sueños y metas de este pueblo. Tú le infundirás ánimo y nuevas fuerzas. Tú eres el líder y ellos te seguirán a donde tú les guíes.

2. Yo os he entregado todo este territorio.

La promesa en Dios ya estaba cumplida en el mundo espiritual. Ya el territorio había sido entregado. Ahora le toca al líder junto al pueblo atraer esa promesa del mundo espiritual a lo natural. A ellos les toca hacerla realidad en su vida.

3. Nadie te podrá hacer frente porque Dios está contigo.

La presencia de Dios te garantiza el triunfo, porque donde está Dios, hay dirección. Tienes el poder de Dios en ti para lograr grandes hazañas.

4. Esfuérzate y sé valiente porque tú repartirás

Dios hace una parte y otra parte nos toca a nosotros. Dios quiere que usemos nuestras capacidades para alcanzar nuestras metas.

5. Nunca se apartará de tu boca este libro de la ley: para que prosperes en todo lo que hagas.

La palabra de Dios debe ser nuestro manual de conducto y reglamento. No solo recitemos la Palabra (Biblia) sino VIVÁMOSLA. Debemos de tomar todas sus promesas hasta hacerlas realidad en nuestra vida.

6. Vuelve hacer énfasis en que yo, Jehová, estaré contigo donde quiera que tú vayas.

Aquí tenemos la certeza de que el que está en nosotros es mayor que el que nos amenaza. Él conoce todo sobre nosotros. Él sabe si estamos listos. Para comprender este pasaje bíblico hay que tomar en consideración algunos detalles históricos:

Él conoce todo sobre nosotros. Él sabe si estamos listos.

1. Josué, de asistente de Moisés, pasa a ser sustituto.
2. El pueblo de Israel viene de cuatrocientos años de cautiverio en Egipto.
3. No tenían un lugar propio para establecerse.
4. En adición cuarenta años en el desierto.

Josué tiene ante sí tremendo reto, hacer realidad la promesa dada por Dios a Abraham años atrás en Génesis 17. Nota que en el versículo seis Jehová le dice a Josué: «Solamente esfuérzate y sé valiente porque tú repartirás a este pueblo la tierra que juré a tus padres». Josué debe ser

Es muy importante hacia dónde nos dirigimos, pero más importante es quién nos acompaña.

fiel al Señor Jehová, y por ende, a las enseñanzas de Moisés para el cumplimiento de la promesa dada a Abraham.

Si grande es el reto, más grande es la promesa, y sobre todo lo que dice el versículo nueve «porque Jehová tu Dios estará contigo donde quiera que tú vayas». Es muy importante hacia dónde nos dirigimos, pero más importante es quién nos acompaña, Jehová tu Dios estará contigo en todas tus luchas, él es quien garantiza si lo logras o no.

La pregunta clave es: ¿Porque adelantarse? ¿Porque tanta prisa? Si el Señor va con nosotros solo hay que seguir el paso que él lleva. El Señor no se adelanta ni se atrasa. Él conoce el camino, porque él lo diseñó. Debemos recordar que el que promete es Dios, él nos conoce muy bien, tanto, que «aun nuestros cabellos están contados».

Entonces él sabe cuando nos pondrá al frente porque ante él se sujetan los tiempos y aun así estando al frente tenemos que esperar la señal. ¿Estás dispuesto a esperar? En vez de preguntarte: ¿Cuanto tiempo más? Pregúntate: ¿Estaré listo?

Con mucho respeto tengo el compromiso de decirte…¡cuidado! no te adelantes.

Desde niño estoy en el evangelio, prácticamente he crecido en la iglesia y he visto gente muy talentosa, dotados de gracia y favor pero se adelantaron a su tiempo, fracasaron y los traumas emocionales han sido tan frustrantes que aún no han podido levantarse ante el propósito de Dios en sus vidas. Nosotros somos instrumentos, necesitamos de alguien que nos dirija para quedar bien.

Qué hermoso es estar en una lujosa sala de festivales, ocupar el mejor lugar para ver y escuchar estas majestuosas orquestas de música clásica. Escuchar cada músico ejecutar su instrumento y hacer lucir bien a la orquesta. Lo que realmente conquistará el corazón de la audiencia es haber ejecutado bien lo que la pieza musical exija en la partitura. Allí

Si el Señor va con nosotros solo hay que seguir el paso que él lleva. El Señor no se adelanta ni se atrasa. Él conoce el camino, porque él lo diseñó.

también los silencios suenan bien, es decir, hay que esperar que los otros instrumentos suenen y ser fiel a la partitura, aun cuando nuestro deseo sea hacernos sentir.

Siempre habrá un compás de espera, mientras esperas tu turno toma aire (respira profundo) revisa tus notas, y te aseguro que cuando llegue tu turno lucirás bien y dirás «valió el esfuerzo esperar». Como dijo el profeta Isaías:

> *Los muchachos se fatigan y se cansan, los jóvenes flaquean y caen; pero los que esperan a Jehová tendrán nuevas fuerzas, levantarán alas como las águilas; correrán, y no se cansarán; caminarán y no se fatigarán* (ISAÍAS 40:30-31).

Es mi oración que el carácter de Cristo sea en ti, que seas paciente, perseverante, y sobre todo que desarrolles tus sentidos espirituales para escuchar la voz de Dios porque muy pronto escucharás la señal. *Señal*: Gesto con el que se quiere decir o indicar algo

Tomando en consideración esta definición debemos desarrollar nuestra capacidad de distinguir lo espiritual de lo natural para conocer las dinámicas de Dios para hablarle a sus hijos. Qué métodos Dios usa, qué gestos, qué señal. Muchos de nosotros estamos acostumbrados a ciertas formas de relacionarnos con Dios y de escuchar su voz. He escuchado gente decir: ¡a mí me habla audiblemente!... ¡qué privilegio! Otros reciben mensajes por radio y televisión por hombres y mujeres que Dios usa.

Algunos tienen sus profetas predilectos. También he hablado con gente que cuentan hasta tres, abren las páginas de la Biblia, y lo primero que leen, a eso se acogen; es decir, cada cuál tiene su método para conocer las formas en que Dios le habla. Si enfatizamos en la Palabra de Dios, si buscamos a fondo, nos daremos cuenta de sus dinámicas para hablar a su pueblo.

En el Antiguo Testamento la voz de Dios se escuchaba a través de sus profetas (algo que Dios sigue haciendo hoy) y también por visiones y sueños.

En el Nuevo Testamento a través de ángeles, de Juan el Bautista, a través de su propio hijo Jesucristo, de los apóstoles, de visiones y sueños.

Hoy día Dios nos habla a través de sus ungidos, apóstoles, profetas, evangelistas, pastores, maestros, y también por visiones y sueños.

En la carta de los Efesios, el apóstol Pablo nos dice:

> *Y él mismo constituyó a unos, apóstoles; a otros, profetas; a otros, evangelistas; a otros, pastores y maestros, a fin de perfeccionar a los santos para la obra del ministerio, para la edificación del cuerpo de Cristo, hasta que lleguemos a la unidad de la fe y del conocimiento del Hijo de Dios, a un varón perfecto, a la medida de la estatura de la plenitud de Cristo* (EFESIOS 4:11).

No pretendo hacer un análisis teológico de este pasaje bíblico, más allá de su propia teología (no me considero un maestro, mucho menos un teólogo) solo soy un siervo con voz profética, con la inquietud de que puedas ver lo siguiente: Todo aquel que dice hablar la Palabra de Dios debe hacerlo para edificación de los santos para la obra del reino.

El profeta – vivía totalmente separado para Dios, a tal magnitud que escuchaba la voz de Dios audiblemente. El pueblo dependía de este visionario de Dios.

Juan el Bautista – hablaba de arrepentimiento, del reino de Dios, y del que había de venir, Jesús.

Jesús – hablaba del reino de su Padre, su énfasis era hacer la voluntad de su Padre, hablaba de su Padre.

Los apóstoles – hablaban de Jesús resucitado, de su retorno a la tierra, de mantener la fe, la unidad, y la esperanza en el Cristo resucitado.

Lo que quiero destacar es la unidad del espíritu y el propósito. Hablaban con relación al reino de Dios, en unidad de pensamiento, no buscando lo suyo propio, sino honrar a Dios Padre. Hoy día hay muchos falsos profetas a los que yo llamo «llaneros solitarios», poseen espíritu de división, no se sujetan a ninguna autoridad, pero lo que es peor, es que mucha de nuestra gente está siendo atraída ante su falsa profecía y malas enseñanzas.

Poseen espíritu de manipulación, dañan el corazón de hombres y mujeres con cualidades extraordinarias, son seducidos solo por prestarle atención a estas voces extrañas. Estos son los que dan señales falsas movidos por sus impulsos carnales, desatan el mismo espíritu que poseen en quienes le prestan atención. La mayoría de sus profecías suenan agradable al oído, pero su fin es engaño. Se aprovechan de tu impaciencia para que te muevas antes de tiempo, fuera de la voluntad de Dios.

*Falsamente profetizan los profetas en mi nombre;
no los envié, ni les mandé, ni les hablé; visión men-
tirosa, adivinación, vanidad y engaño de su corazón os profetizan* (JEREMÍAS 14:14).

No solo habrá juicio para el falso profeta, sino que también
el pueblo que reciba su falsa profecía sufrirá consecuencias.

*El pueblo a quien profetizan será echado en las
calles de Jerusalén por hambre y por espada, y no
habrá quien los entierre a ellos, a sus mujeres, a sus
hijos, a sus hijas; y sobre ellos derramaré su maldad* (JEREMÍAS 14:16).

*Hay una nueva generación
que Dios está levantando,
pero esta nueva generación
debe ser circuncidada de toda
religiosidad y de toda
costumbre antigua.*

Asegúrate que el que te
está hablando haya escuchado
la voz de Dios, y no sea su propia voluntad. Estoy seguro que
no hay nadie mejor para indi-
carte la hora y el momento
para actuar, que la persona que
te está formando (tu líder, tu
pastor).

Volvamos a Josué:

En el capítulo 5 hay una
gran enseñanza. Todos los
hombres de guerra que salie-
ron de Egipto habían muerto. Se había levantado una nueva
generación que nació en el desierto. Jehová le pide a Josué
que circuncide a todo varón. En el versículo 8 hay una gran
revelación, es claro que la circuncisión era una señal de
pacto entre Dios y Abraham, esta práctica era señal de sepa-
ración, de limpieza, o sea, circuncisión del corazón.

Y circuncidará Jehová tu corazón, y el corazón de tu descendencia, para que ames a Jehová tu Dios con todo tu corazón y con toda tu alma, a fin de que vivas (DEUTERONOMIO 30:6).

Hay una nueva generación que Dios está levantando, pero esta nueva generación debe ser circuncidada de toda religiosidad y de toda costumbre antigua. Dios mismo lo hará, cambiará nuestros corazones y nuestra mentalidad. Como experto cirujano hará una operación en nosotros y nos cambiará. Luego esperaremos para ser sanados y enviados.

Y cuando acabaron de circuncidar a toda la gente, se quedaron en el mismo lugar en el campamento, hasta que sanaron (JOSUÉ 5:8).

Cualquiera podría pensar: Si Jehová ya le entregó la ciudad ¿por qué esperar? Debemos entender que Jehová le da la victoria a la gente que sigue su voz, no a los que se adelantan. Es por eso que Dios está restaurando todas las cosas, como los cinco ministerios en la iglesia, para traer orden y dirección en indicarnos el tiempo de salida.

Josué conquistó a Jericó como resultado de haber esperado la señal. Josué era hombre de guerra y contaba con buenos guerreros, mas supo

Tus sueños y tus metas representan esa ciudad amurallada llamada Jericó, tú tienes la unción para conquistarla, no renuncies a ello adelantándote al propósito de Dios. Espera la señal y ¡no desmayes!

esperar las directrices del poderoso en batallas, Jehová de los ejércitos.

Tus sueños y tus metas representan esa ciudad amurallada llamada Jericó, tú tienes la unción para conquistarla, no renuncies a ello adelantándote al propósito de Dios. *Espera la señal y ¡no desmayes!*

Capítulo 5

JUNTO A CORRIENTES
DE AGUA

Capítulo 5

JUNTO A CORRIENTES
DE AGUA

medida que fluyen ideas y se desarrolla este libro en mi
mente, han seguido fluyendo pensamientos e ideas en mi
corazón, y el Espíritu de Dios me ha inquietado a observar
algunos detalles en el Salmo 1, y en especial en el verso 3.
Quiero que puedas ver lo que yo estoy viendo, porque para
pasar o ser promovido a otro nivel, tenemos que conocer el
nivel donde estamos y porqué estamos en este nivel.

Bienaventurado el varón que no anduvo en consejo de malos, ni estuvo en caminos de pecadores, ni en silla de escarnecedores se ha sentado. Sino que en la ley de Jehová está su delicia, y en su ley medita de día y de noche. Será como árbol plantado junto a corrientes de aguas, que da su fruto en su tiempo, y su hoja no cae; y todo lo que hace, prosperará. No así los malos, que son como el tamo que arrebata el viento. Por tanto, no se levantarán los malos en el juicio, ni los pecadores en la congregación de los justos. Porque Jehová conoce el camino de los justos; más la senda de los malos perecerá (SALMO 1).

Para ser promovido a otro nivel tenemos que conocer el nivel donde estamos y porqué estamos en este nivel.

Hay dos preguntas que son necesarias que nos hagamos:

1. ¿Qué está sucediendo en mi vida?
2. ¿Quién me plantó en este lugar?

Si en el lugar donde estás en este momento sientes que las aguas están estancadas, no sientes el refrigerio del Espíritu de Dios, sientes que no estás creciendo, que tus raíces mueren, que no estás dando frutos, que te sientes estéril e incapaz de dar a luz ideas, sueños y propósitos; *tus hojas se caen* y no estás prosperando, pueden existir varias razones:

1. Qué tipo de gente está a tu lado
2. Qué tipo de información es la que estás recibiendo.

3. Qué deseos nacen en tu corazón cada vez
   que ves tu condición.
4. Quizás Dios te secó el arroyo para que te
   muevas al otro nivel.

Mientras más te lamentes, tu lamento se convertirá en una canción que dormirá al gigante que todos llevamos dentro. En situaciones como estas, donde nos sentimos secos e ignorados, donde los grandes nos pasan por alto y parece que nunca llegaremos a nuestro destino, es cuando este salmo cobra vital importancia, porque es ahí donde *el consejo del malo* hace eco en nuestro corazón. Es cuando las voces extrañas emiten su opinión seduciendo nuestras ansias de superación y debilitando nuestro carácter, lamentablemente muchas veces sucumbimos ante esa presión.

El rey David antes de ser coronado rey y mientras huía de Saúl fue tentado por uno de los fieles. David no se dejó vencer por el consejo del malo.

Entonces dijo Abisai a David: Hoy ha entregado Dios a tu enemigo en tu mano; ahora, pues, déjame que le hiera con la lanza, y lo enclavaré en la tierra de un golpe y no le daré segundo golpe y David respondió a Abisai: No lo mates; porque ¿quién extenderá su mano contra el ungido de Jehová y será inocente? (1 SAMUEL 26:8-9).

Es importante saber que el *consejo del malo* no solo sale de la boca de la gente pecadora o mal intencionada. El *consejo del malo* también puede estar en el corazón de aquellos que están contigo. Es independiente al voto de lealtad que te hayan jurado de las batallas que hayan luchado a tu lado.

Muchas veces sus intenciones no van acorde con el destino de Dios para tu vida. Hay gente que no puede resistir los ataques que vienen contra ti. Muchos de estos ataques causarán en esta gente heridas más profundas que las que tú sufriste. También muchos de ellos emiten su propio juicio, ya sea por venganza, u otros intereses. ¡Cuidado!

Está claro que el ungido de Jehová era aquel rey descartado que no quería que David subiera al próximo nivel. Saúl quería matar a David y lo intentó en varias ocasiones, pero no tuvo éxito.

David no se dejó influenciar ni por Saúl, ni por el consejo del malo, a lo que yo llamo «voces extrañas». A veces las voces extrañas están más cerca de lo que pensamos (por ejemplo Abisai).

Yo estoy seguro que Dios hará lo que tenga que hacer para cumplir su propósito en ti. Te abrirá los ojos para que veas este tipo de gente y afinará tus oídos para que distingas sus voces. Él te sacará de donde tenga que sacarte. Abraham salió de la tierra de su comodidad, a una tierra que no conocía. Él no tenía idea de lo que le esperaba. Abraham había tenido éxito en su tierra de origen, pero Dios siempre nos quiere dar más. Él había alcanzado éxito, pero el éxito tiene muchos niveles.

Dios hará lo que tenga que hacer para cumplir su propósito en ti.

Como tú eres árbol del plantío de Jehová, él tiene todo el derecho de desterrarte y plantarte en el lugar donde solo él sabe que darás frutos. No hay nada más frustrante para un soñador que no poder dar a luz sus sueños. Es esa frustración la que te lleva a cometer graves errores y a tomar decisiones a la ligera (a prisa).

> *Dijo entonces Sarai a Abram: Ya ves que Jehová*
> *me ha hecho estéril; te ruego, pues, que te llegues a*
> *mi sierva; quizás tendré hijos de ella. Y atendió*
> *Abram el ruego de Sarai ... Y él se llegó a Agar*
> *la cual concibió; y cuando vio que había concebi-*
> *do, miraba con desprecio a su señora* (GÉNESIS
> 16:2,4).

Cuando uno tiene una promesa, tiene la Palabra del Dios
que no miente, que es fiel y cumplidor. Sarai cometió un
grave error que hasta el día de hoy el mundo está pagando
los estragos de esa decisión. *Cada vez que hagas algo fuera*
del tiempo indicado, las consecuencias serán más frustrantes
que la espera. Como pastor, predico la unidad, me gusta ver
a la gente unida en armonía de pensamiento y propósito. Sin
embargo, hay ocasiones en que Dios separa para el bienestar
nuestro y para el cumplimiento de sus propósitos.

Si vamos al origen, en Génesis 1, *Dios tiene que separar*
las cosas porque no todo lo que está unido está en orden.

> *En el principio creó Dios los cielos y la tierra. Y la*
> *tierra estaba desordenada y vacía, y las tinieblas*
> *estaban sobre la faz del abismo, y el Espíritu de*
> *Dios se movía sobre la faz de las aguas. Y dijo*
> *Dios: Sea la luz; y fue la luz. Y vio Dios que la luz*
> *era buena; y separó Dios la luz de las tinieblas. Y*
> *llamó Dios a la luz día y a las tinieblas llamó*
> *noche. Y fue la tarde y la mañana un día*
> (GÉNESIS 1:1-5).

Dios tiene que separar las aguas de la tierra, la luz de las
tinieblas. Dios tiene que separar primero para luego dar
nombre; dar definición. No fue hasta que separó la luz de

las tinieblas que llamó a la luz día y a las tinieblas noche. Para Dios darle orden a las cosas a veces tendrá que separar. Te aseguro que cuando Dios señala a alguien para sus propósitos entramos en una zona de cambios constantes. Notarás que tus gustos cambian, tus intereses, la forma en que ves las cosas, lo que quieres escuchar y serás muy selectivo en cuanto a los lugares que quieres frecuentar.

No dejarás de amar a tu gente, pero querrás estar cerca de gente que tenga tu enfoque, gente que haga brincar tus sueños como pasó con Elizabet y María.

> *Y aconteció que cuando oyó Elizabet la salutación de María, la criatura saltó en su vientre; y Elizabet fue llena del Espíritu Santo* (LUCAS 1:41).

Necesitas gente que solo su presencia traiga bendición y fe a tu vida. Es importante saber que la razón por la cual Abraham y Lot se tienen que separar, se encuentra en Génesis 13:6:

> *Y la tierra no era suficiente para que habitasen juntos, pues sus posesiones eran muchas, y no podían morar en un mismo lugar.*

Dios te dice hoy: Es mucho lo que estoy depositando en ti. Serán muchas tus posesiones, y el lugar donde estarás será pequeño. La gente no pensará a lo grande, como tú, tendrás que moverte de lugar y de grupo. Tan importante y valioso era lo que poseía Abraham, como lo que poseía Lot. Dios no le está restando importancia a lo que poseen los tuyos, lo que sucede es que lo tuyo es grande y no hay lugar. Prepárate para ser trasladado a otro nivel. ¡Aleluya!

La bendición que tenemos los árboles de Dios es que no importa el lugar donde él nos plantó, estamos destinados a crecer y a llevar frutos. Estoy seguro que siempre habrá corrientes de agua.

> *En las alturas abriré ríos y fuentes en medio de los valles; abriré en el desierto estanques de aguas, y manantiales de aguas en la tierra seca* (ISAÍAS 41:18).

Esta es la herencia de los árboles de Jehová que aun en el desierto estamos destinados a crecer. Que la justicia de Dios nos favorece.

> *Rociad, cielos, de arriba, y las nubes destilen la justicia; ábrase la tierra, y prodúzcanse la salvación y la justicia; hágase brotar juntamente. Yo Jehová lo he creado* (ISAÍAS 45:8).

¿Dónde nos llevará?, no sabemos. ¿Cómo lo hará? tampoco sabemos. El Dios nuestro tiene un plan bueno y perfecto. Si de algo estoy seguro es que donde nos lleve, y cuando lo haga, será en su tiempo y para su gloria, y nos beneficiará.

> *He aquí que yo hago cosa nueva; pronto saldrá a luz ¿no lo conoceréis? Otra vez abriré camino en el desierto y ríos en la soledad* (ISAÍAS 43:19).

La bendición que tenemos los árboles de Dios es que no importa el lugar donde él nos plantó, estamos destinados a crecer y a llevar frutos. Estoy seguro que siempre habrá corrientes de agua.

Herencia de los árboles de Jehová... que aun en el desierto estamos destinados a crecer.

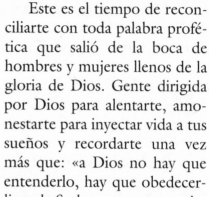

Este es el tiempo de reconciliarte con toda palabra profética que salió de la boca de hombres y mujeres llenos de la gloria de Dios. Gente dirigida por Dios para alentarte, amonestarte para inyectar vida a tus sueños y recordarte una vez más que: «a Dios no hay que entenderlo, hay que obedecerlo». Dios le dijo a Lot que saliera de Sodoma, pero su mujer se aferró a la vida que disfrutó en aquella ciudad.

> *Entonces la mujer de Lot miró atrás, a espaldas de él, y se volvió estatua de sal* (GÉNESIS 19:26).

Es peligroso aferrarnos a cosas tales como, lugar, ministerio, amistades, etc. Porque los planes de Dios para con nosotros son progresivos, hoy estás aquí y mañana estarás en otro lugar. Es que la nube de Dios se sigue moviendo. Dios es un Dios de movimiento. Él es el mismo en carácter, pero su misericordia es nueva cada día. Aún hay cosas que Dios quiere mostrarte y en el lugar en que estás, no te las mostrará. Te invita a salir al monte y allí hablará contigo.

Lo peor que te puede suceder es aferrarte a tu condición y cuando debas emprender tu camino hacia tu destino, mirar hacia atrás. Te convertirás en una estatua de sal, que solo servirá de adorno en alguna esquina de algún lugar y serás movido no por voluntad propia, sino por el capricho de quien te compre.

Querido hermano, ya Cristo pagó el precio de tu libertad, ya no eres esclavo de tu pasado. Hay una tierra que espera por ti, deja que el río de Dios lleve tu embarcación.

No le tengas miedo a la travesía. Te aseguro que aquellos que tal vez no esperaron mucho de ti, se sorprenderán. Comienza a dar frutos en la tierra donde Dios te lleve; tus hojas no las podrán marchitar el sol ni su fatiga. Te verás bien frondoso, robusto y deseable.

Tu siembra siempre dará buena cosecha por no haberte resistido a los cambios que el destino tiene para ti. Dios mismo te plantará junto a corrientes de aguas. Y escucha-

«A Dios no hay que entenderlo, hay que obedecerlo».

rán el bramido de los verdaderos siervos clamando para estar cerca de ti, porque en el nivel donde Dios te puso están las aguas que le darán vida a tus sueños. Otra vez te digo: No te resistas a los cambios, su gloria no tiene límites.

La gloria postrera de esta casa será mayor que la primera, ha dicho Jehová de los ejércitos; y dará paz en este lugar, dice Jehová de los ejércitos (HAGEO 2:9).

Este es el tiempo en que:

La tierra será llena del conocimiento de la gloria de Jehová, como las aguas abren el mar (HABACUC 2:14).

Dios cuenta contigo para este suceso, no temas, solo confía. Tu hora ha llegado, serás plantado en el huerto de los sueños de Dios.

Capítulo 6

LA ACTITUD QUE
HONRA

Capítulo 6

La actitud que honra

Quiero comenzar este capítulo definiendo estas dos importantes palabras: «actitud y honra».

> ACTITUD — *es la manera en que alguien está dispuesto a actuar. Postura que revela tu estado de ánimo.*

Cada vez que Dios demanda algo de nosotros, también requiere de nosotros una buena actitud. Sería bueno saber qué actitud asumimos cuando:

- Dios nos llama a trabajar con gente que no nos agrada (gente con las cuales no nos sentimos cómodos).

- Tenemos que realizar trabajos que no nos gustan.

- Todas las miradas están sobre nosotros para ver qué sucederá.

- No tenemos los recursos necesarios.

- Estamos solos.

- Nos toca reemplazar a alguien.

- Aún no vemos el fin que esperamos.

Estoy seguro que a Dios no solo le importa la decisión nuestra, *sin temor a equivocarme, lo más importante para él es la actitud que asumimos ante el reto que implica aceptar su llamado.*

> Honra – *respeto y buena opinión, admiración y estima, expresión con la que se demuestra satisfacción y orgullo por alguien, exaltar la dignidad de alguien.*

La honra es una virtud que trae a nuestro carácter, solidez, firmeza y disposición para continuar cualquier trabajo aunque desconozcamos quién lo comenzó. Estoy seguro que habrás podido notar las dinámicas en el desarrollo de los niños. En los primeros meses después de nacidos, tienen una dependencia total de mamá y papá. Algunos niños en su primer año de nacido, o tal vez a los dos años comienzan a caminar. ¿También habrás notado que lo quieren tocar todo? Ellos, al no poder controlar sus impulsos emocionales se lanzan a la aventura, por su tierna edad desconocen el riesgo y el valor de las cosas. No saben distinguir si quebrar algún objeto es pérdida o ganancia. Destruyen todo lo que está a su paso, centros de mesas, halan las cortinas, se llevan a la boca cualquier cosa que la mayoría de las veces representan peligro, etc.

Luego cuando ya están más grandecitos comienza la etapa de querer ser dueños de todo lo que ven. En muchas ocasiones están concientes de lo que quieren y para qué usarlo, pero, lo que en realidad desconocen es el valor de lo que quieren, desconocen el esfuerzo que requiere alcanzarlo, desconocen las luchas y sufrimientos.

Querido amigo, todos lo capítulos que componen este libro son sumamente importantes; pero este capítulo es necesario que lo tomes como la palabra de un padre que quiere lo mejor para su único heredero. La Biblia dice:

> *No rehúses corregir al muchacho; porque si lo castigas con vara, no morirá. Lo castigarás con vara y librarás su alma del Seol* (PROVERBIOS 23:13-14).

El tiempo que nos ha tocado vivir es muy excitante. Recuerdo unos años atrás cuando comenzaron a clasificar a la juventud de este tiempo como la generación X. Muchos expertos en la conducta humana coincidían en que los jóvenes de este tiempo no tenían identidad propia, de ahí, la tendencia desenfrenada de imitar al primero que le llamara la atención buscando modelos a seguir y lamentablemente, se enfocaban en lo peor. Se comenzó a especular sobre el futuro de nuestros jóvenes. Recuerdo que mi esposa Dámaris y yo éramos pastores de jóvenes y comenzamos a unirnos a gente que comenzó a profetizar del corazón de Dios. Comenzamos a profetizar palabra de bendición, definición, identidad, destino y propósito sobre nuestros jóvenes.

Yo sentía en mi corazón que el espíritu babilónico y egipcio quería cautivar la identidad de nuestra juventud, como pasó con Daniel, Ananías, Misael y Azaría, etc.

A éstos el jefe de los eunucos puso nombres: puso a Daniel, Beltsasar; a Ananías, Sadrac; a Misael, Mesac; y a Azarías, Abed-nego (Daniel 1:7).

Pero comenzó Dios a contestar las peticiones de cientos de miles de alrededor del mundo que pedíamos por la manifestación de la profecía de Joel.

Después de esto derramaré mi Espíritu sobre toda carne, y profetizarán vuestros hijos y vuestras hijas; vuestros ancianos soñarán sueños, y vuestros jóvenes verán visiones (Joel 2:28).

Y en estos últimos tiempos hemos sido testigos de este derramamiento del Espíritu de Dios. No negamos que el pecado abunda, pero excede y sobreabunda la gracia de Dios. En estos últimos tiempos, Dios ha comenzado una restauración total. El tabernáculo de David, la danza, el cántico profético, los cinco ministerios. Dios está levantando una nueva generación de reyes y sacerdotes, con una visión fresca, voces que se están dejando escuchar en diferentes lugares del mundo.

Recientemente, los medios de comunicación secular han abierto las puertas al mensaje del evangelio. La música que exalta a Dios y aboga por los valores morales está ocupando los primeros lugares en la lista de preferencia. Tanto la prensa escrita, como la televisión y la radio, reconocen que este es el tiempo de darle lugar a las cosas espirituales; ellos entienden que la música sacra, religiosa o cristiana como usted prefiera identificarla, tiene los elementos que puede afectar positivamente el espíritu del hombre.

Definitivamente, hoy día es más fácil hablar abiertamente del evangelio. Los lugares más cerrados a esta verdad, están siendo seducidos por el poder de la verdad. El evangelio no hay quien lo detenga, el evangelio es poder de Dios.

Dios está levantando una nueva generación de reyes y sacerdotes, con una visión fresca, voces que se están dejando escuchar en diferentes lugares del mundo.

Porque no me avergüenzo del evangelio, porque es poder de Dios para salvación a todo aquel que cree; al judío primeramente, y también al griego (ROMANOS 1:16).

Pero si algo tenemos que reconocer es que hoy caminamos por el camino que otros pavimentaron para nosotros. Hombres y mujeres que fueron punta de lanza, recibiendo los ataques, golpes y rechazos. Lo fácil para ti hoy, fue lo difícil para ellos ayer, lo cómodo para ti hoy, fue lo incómodo para ellos ayer. El camino pavimentado hoy fue para ellos piedra de espinos. Ellos nos dieron este legado, se esforzaron, se entregaron pensando en las nuevas generaciones.

¡¡¡Escúchame bien!!! Solo los niños por su tierna edad y falta de madurez desconocen el esfuerzo, las luchas que pasan los padres para poder darle lo que ellos tienen hoy y no saben valorar lo que tiene o no tiene valor.

Es la actitud lo que valora los grandes esfuerzos, y también los pequeños, la que honra la grandeza, y también las pequeñeces, la que honra las nuevas formas o técnicas de trabajar así cómo las antiguas maneras de hacer las cosas. Nunca sabrás cuál es tu próximo nivel, y mucho menos te podrás mantener en el que estás si tu actitud le resta crédito a la gente que nos antecedió.

Cuando Jehová habla a Josué, le indica que él sería quien le daría continuidad a lo que Moisés no pudo terminar.

> *Solamente esfuérzate y sé muy valiente, para cuidar de hacer conforme a toda la ley que mi siervo Moisés te mandó; no te apartes de ella ni adiestra ni a siniestra, para que sea prosperado en todas las cosas que emprendas* (JOSUÉ 1:7).

Jehová le dijo a Josué, haz lo que bien te parezca, Jehová no le dijo a Josué, olvídate de cómo Moisés hizo las cosas, Jehová le exigió a Josué, has todo conforme a lo que estableció Moisés. Josué, en carácter, era distinto a Moisés, pero honró lo que Moisés hizo, tanto fue la honra de Josué a Moisés que en su primer discurso enfatizó a sus líderes el recordar la palabra de Moisés. Esto es sujetarse a la autoridad, aunque ya Moisés estaba muerto Josué le honró.

Cuando tu actitud es honrar a quien tú vas a sustituir, tú serás honrado por los que vienen detrás de ti.

> *Entonces respondieron a Josué, diciendo: Nosotros haremos todas las cosas que nos has mandado, e iremos a dondequiera que nos mandes* (JOSUÉ 1:16).

Porque la evidencia de que eres hombre y mujer de Dios es cuando honras a los demás, hayan trabajado como hayan trabajado. La gente quiere ver la actitud que honra, porque es la evidencia que Dios está contigo.

> *De la manera que obedecimos a Moisés en todas las cosas, así te obedeceremos a ti; solamente que Jehová tu Dios esté contigo como estuvo con Moisés* (JOSUÉ 1:17).

Me preocupa sobre manera el espíritu (actitud) de algunos aspirantes al ministerio porque quieren ocupar lugares privilegiados con intensión incorrecta. Muchos quieren ocupar estas posiciones de altura porque quieren cambios, pero es lamentable escucharles hablar despectivamente de hombres y mujeres que han dado sus vidas al santo ministerio, solo porque no piensan como ellos, o porque están poco activos.

La gente quiere ver la actitud que honra, porque es la evidencia que Dios está contigo.

Recuerdo que en una ocasión fui invitado a ministrar la alabanza en un congreso de jóvenes en la ciudad de New York y estaba desesperado porque la noche estaba avanzando y para completar le dieron participación a un joven evangelista en el tiempo que me correspondía a mí. Este joven movido por sus emociones dijo las siguientes palabras: «Buenas noches, que Dios les bendiga a todos. Toda esta semana he estado muy ocupado ministrando en diferentes lugares. Las invitaciones no se detienen; es que Dios me ha dado una palabra de restauración para este tiempo. Este es el tiempo nuevo, Dios está restaurando muchas cosas, Dios está sacando lo que no funciona. ¡¡¡Aleluya!!! Dios me ha levantado en este tiempo para hablar de cambios, porque hay que cambiar, y lo primero que hay que cambiar es este chorro de líderes viejos que están estancando al pueblo. Dios está levantando una nueva generación».

Luego de estas palabras, el mismo joven evangelista me dio el micrófono. Yo estaba triste, dolido, porque el ambiente en la iglesia se tornó sombrío, muy pesado y estas fueron las palabras que salieron de mi boca: En el libro de Éxodo 20:12 dice así:

> *Honra a tu padre y a tu madre, para que tus días*
> *se alarguen en la tierra que Jehová tu Dios te da.*

Luego me dirigí al joven evangelista diciéndole: «Esto que te voy a hablar te ayudará a no ofender el corazón de Dios y el de sus siervos. Cada verdad es paralela, y estos viejos de los cuales tú has hablado son nuestros padres espirituales. Es muy cierto lo dice en Éxodo 20:12 sobre honrar a padre y madre para que tus días sean alargados, pero si no miramos a los que trabajaron antes que nosotros, si no honramos a estos que fueron antes que nosotros, si no honramos a estos que son padres espirituales, nuestra vida ministerial está pronta a morir. Proverbios 29:20 dice: «¿Has visto hombre ligero en sus palabras? Más esperanza hay del necio que de él». No se hizo esperar la reacción de la gente allí reunida. Se escucharon gritos y aplausos y al instante se desató un espíritu de llanto y arrepentimiento que sanó el corazón de pastores ya entrados en años y de más de sesenta jóvenes candidatos al ministerio.

Yo creo que Dios está levantando una nueva generación, pero no es un nuevo mover. Dios viene levantando niños y jóvenes desde tiempos antiguos, David, José, Jeremías, David, Sadrac, Mesac, Abed-nego y muchos otros representaron el mover de una nueva generación en sus respectivas épocas. Ninguna nueva generación se levantará con actitud de deshonra. El espíritu del mundo no puede gobernar el corazón de las nuevas generaciones. Jamás un ministerio se beneficiará de la destrucción de otros. Si las generaciones pasadas cometieron errores, no cometas el mismo error de criticar.

> *Así que, el que piensa estar firme, miré que no caiga* (1 CORINTIOS 10:12).

Jesús dijo:

> *Yo no tengo demonio; antes honro a mi Padre; y vosotros me deshonráis. Pero yo no busco mi gloria; hay quien la busca y juzga. De cierto, de cierto os digo, que el que guarda mi palabra, nunca verá muerte* (JUAN 8:49-51).

Cuando seas promovido al próximo nivel, te darás cuenta que allí también estuvieron nuestros padres espirituales. Ellos produjeron de acuerdo a la revelación que recibieron. Todos estos líderes que según nuestros ojos ya están de paso, mantuvieron la fe de un pueblo. Estos respetados líderes entregaron lo mejor de sí, y eso es digno de honra. Tal vez nosotros hemos descubierto muchas cosas que ellos no descubrieron. Tal vez hemos percibido lo que ellos no pudieron percibir. Nada de esto nos hace más grande o mejores que ellos. Debemos entender que nuestra responsabilidad es mayor porque:

A todo aquel a quien se haya dado mucho, mucho de le demandará; y al que mucho se le haya confiado, más se le pedirá (Lucas 12:48).

Lo que provocará que tu vida ministerial prospere, perdure y sea respetada, será «la actitud que honra». Porque: «la actitud que honra» es lo que da largura de vida. *¡No desmayes!* y sigue hacia el próximo nivel, y síguele los pasos a los que siguen subiendo de nivel en nivel. Aún hay cosas por descubrir, pero aferrados a criticar las antiguas formas de trabajo y los errores que nuestros padres espirituales cometieron, jamás llegaremos al próximo nivel.

Lo que provocará que tu vida ministerial prospere, perdure y sea respetada, será «la actitud que honra».

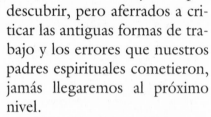

El profeta Samuel la primera vez que escuchó la voz de Dios la confundió con la de su padre espiritual. Siempre la voz de Dios sonará igual que la de nuestros mentores. Samuel escuchó esa voz en tres ocasiones y pensó que era el sacerdote Elí.

Y Samuel no había conocido aún a Jehová, ni la palabra de Jehová le había sido revelada. Jehová, pues, llamó por tercera vez a Samuel. Y él se levantó y vino a Elí y dijo: Heme aquí; ¿para qué me has llamado? Entonces entendió Elí que Jehová llamaba al joven. Y dijo Elí a Samuel: Ve y acuéstate; y si te llamare, dirás: Habla Jehová, porque tu siervo oye. Así se fue Samuel, y se acostó en su lugar (1 Samuel 3:7-9).

Cuando Samuel comenzó a escuchar la voz de Dios había escasez de Palabra de Jehová, y no había visión. El sacerdote Elí estaba viejo y casi no podía ver, pero cuando Jehová habla, su voz de trueno, fuerte, suena como la de nuestros padres espirituales, aun cuando ya estén viejos.

Dios sigue siendo el Dios de nuestros padres.

Todavía la voz de Dios se escucha entre la generación que va de paso. Dios sigue siendo el Dios de nuestros padres. Mi abuelita me dijo en una ocasión: «El que no conoce sus raíces, no sabe de dónde viene ni para dónde va». Conocer nuestras raíces es honrar a los que nos han hecho herederos de esta gracia. *¡No desmayes!*

Capítulo 7

Tu lugar es
la altura

Capítulo 7

TU LUGAR ES LA ALTURA

Lo peor que le puede suceder a una persona es que, perteneciendo a las alturas, viva en las profundidades de su fracaso. El énfasis de este libro es que te mantengas en el nivel donde estás hasta que llegue el tiempo de tu ascenso. Estoy seguro que a medida que vayas recorriendo las páginas de este libro, se vayan aclarando muchas de tus preguntas.

En este capítulo quiero ayudarte a que encuentres respuesta a cualquier inquietud, pero aun más, a posesionarte del lugar a que perteneces «la altura». Cada vez que Dios quería hablar con sus profetas, la mayoría de las veces los

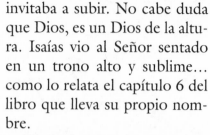

Todo comienza en la mente de Dios. Todo se origina en la altura. Nosotros somos la manifestación de los pensamientos de Dios.

invitaba a subir. No cabe duda que Dios, es un Dios de la altura. Isaías vio al Señor sentado en un trono alto y sublime... como lo relata el capítulo 6 del libro que lleva su propio nombre.

Todo lo que tiene que ver con nuestra relación con Dios tiene su origen en la altura. Cuando Dios le habla al profeta Jeremías le explica dónde se originó el profeta, en la mente de Dios...

> *Vino, pues, palabra de Jehová a mí, diciendo: Antes que te formase en el vientre te conocí, y antes que nacieses te santifiqué, te di por profeta a las naciones* (Jeremías 1:4-5).

Todo comienza en la mente de Dios. Todo se origina en la altura. Nosotros somos la manifestación de los pensamientos de Dios. Este es el relato de Génesis 1:26.

> *Entonces dijo Dios: Hagamos al hombre a nuestra imagen, conforme a nuestra semejanza; y señoree en los peces del mar, en la aves de los cielos, en las bestias, en toda la tierra, y en todo animal que se arrastra sobre la tierra.*

Somos gente de altura, con cualidades de altura y con una autoridad delegada de altura. No te conformes con menos... Nuestros pensamientos deben ser a la altura del Dios que nos creó. Nosotros no somos Dios, ni pequeños dioses; esto lo digo para cuidar tu corazón de ciertas corrientes de interpretación, teologías que piensan que somos pequeños dioses.

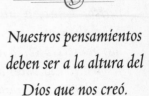

Nuestros pensamientos deben ser a la altura del Dios que nos creó.

No, no, no, y no somos dioses, somos criaturas suyas, y somos sus hijos cuando le reconocemos a él como padre. Nuestro señorío o autoridad está claro en Génesis 1:26.

- Señoree sobre los peces del mar (no que abusemos de ellos).
- Señoree sobre la aves de los cielos (no que abusemos de ellas).
- Señoree sobre las bestias en toda la tierra (no que abusemos de ellas).
- Señoree sobre todo animal que se arrastra (con el único que vamos a abusar es con Satanás, la serpiente antigua).

Nota que en ningún lugar de este mandato divino dice: Señoree en todo lo que hay en los cielos; porque el único Dios, es Jehová de los ejércitos. Pero... sí nos dio su misma autoridad por medio de Cristo Jesús.

Habiendo reunido a sus doce discípulos, les dio poder y autoridad sobre todos los demonios, y para sanar enfermedades (Lucas 9:1).

La manera en que tú percibas quién eres, es de la manera que vas a producir. Amigo, tu lugar es la altura. En la altura fue donde Abraham recibió la provisión para el sacrificio.

Dios dijo a Abraham: *Toma ahora tu hijo, tu único, Isaac, a quien amas, y vete a tierra de Moriah, y ofrécelo allí en holocausto sobre uno de los montes que yo te diré...Entonces el ángel de Jehová le dio voces desde el cielo, y dijo: Abraham, Abraham. Y el respondió: Heme aquí. Y dijo: no extiendas tu mano sobre el muchacho, ni le hagas nada; porque ya conozco que temes a Dios, por cuanto no me rehusaste tu hijo, tu único hijo. Entonces alzó Abraham sus ojos y miró, y he aquí a sus espaldas un carnero trabado en un zarzal por los cuernos; y fue Abraham y tomó el carnero, y lo ofreció en holocausto en lugar de su hijo* (Génesis 22:2,11-13).

Las dinámicas de Dios en la altura son extraordinarias. En la altura, Dios te pide y te da, te prueba y te gradúa, te dice sí y te dice no, te habla y se queda en silencio, pero nunca dejará de estar allí.

Moisés recibió las directrices de cómo se gobernaría su pueblo, en la altura.

Y descendió Jehová sobre el monte Sinaí, sobre la cumbre del monte; y llamó Jehová a Moisés a la cumbre del monte, y Moisés subió (Éxodo 19:20).

Yo vengo de una familia numerosa, somos once hermanos (hubiésemos sido dieciséis, murieron cinco). Entre todos mis hermanos, hay uno que se destaca por sus hazañas «Rodolfo». Él siempre ha sido muy valiente, y por ende le gusta la aventura. Una de las cosas que más disfrutaba Rodolfo era subir al monte. En el monte hay frutas silvestres y verduras, además de animales raros y serpientes.

A veces subía el monte para disfrutar de las frutas silvestres y de las verduras. En otras ocasiones veces subía a cazar serpientes o cualquier tipo de aves. A veces, solo subía al monte para estar solo, en paz y en armonía con la naturaleza. Desde el monte el podía ver todo lo que no podía ver desde abajo. Encontrarse con él mismo y calmar sus ansiedades. En la altura del monte descubría que al subir sus músculos se fortalecían. Por eso el salmista dijo:

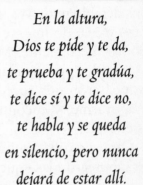

En la altura,
Dios te pide y te da,
te prueba y te gradúa,
te dice sí y te dice no,
te habla y se queda
en silencio, pero nunca
dejará de estar allí.

Alzaré mis ojos a los montes; ¿De dónde vendrá mi socorro? Mi socorro viene de Jehová, que hizo los cielos y la tierra (SALMO 121:1-2).

Es en la altura donde nos renovamos, desde lo alto podemos ver lo que no vemos desde la posición en que estamos. Es allí donde está la verdadera paz. En la altura podemos escuchar la voz de Dios.

EN LA ALTURA TAMBIÉN SOMOS PROBADOS

Recuerdo que en una mañana de domingo nos fueron a visitar un grupo de hermanos. Esos hermanos se percataron que al lado de nuestra casa había un enorme árbol de «quenepas» (mamoncillos) el árbol estaba lleno de frutos y los hermanos querían saborear su fruto.

Yo nunca había subido a ese árbol, pero me sentí motivado a subir. Comencé a subir y cuando estaba a una altura considerable pude ver una rama llena de frutos, extendí mi brazo y cuando intenté agarrar el fruto, el viento comenzó a soplar fuertemente. Me descontrolé totalmente, comencé a descender precipitadamente, y ya casi cuando los hermanos pensaron que sucedería lo peor, por segunda vez traté de apoyarme, y encontré una rama fuerte en la cual pude sostenerme.

Otra vez volví a subir, esta vez logré mi meta, los hermanos saborearon las «quenepas» y yo aprendí que no importa cuán fuerte sople el viento, siempre habrá de dónde sostenerse. Alguien dijo: «Mientras más alto se está, más dura es la caída». La Biblia dice:

Torre fuerte es el nombre de Jehová; a él correrá el justo, y será levantado (Proverbios 18:10).

No importa cuántas veces hayas caído, levántate, tú perteneces a la altura.

No importa cuántas veces hayas caído, levántate, tú perteneces a la altura.

Porque siete veces cae el justo, y vuelve a levantarse, más los impíos caerán en el mal (Proverbios 24:16).

Muchas veces el motivo de nuestros atrasos se debe a que estamos rodeados de mucha gente. Gentes que se han quedado estancados en niveles que ya deberían haber pasado. Jesús supo estar entre las multitudes y cuando necesitaba conectarse a la altura, se apartaba de la gente y se retiraba al monte a orar.

En seguida hizo a sus discípulos entrar en la barca
e ir delante de él a Betsaida, en la otra ribera,
entre tanto que él despedía a la multitud. Y des-
pués que los hubo despedido, se fue al monte a orar
(Marcos 6:45-46).

Todo lo que recibimos para ser más que vencedores,
viene de arriba, nuestras habilidades, talentos, gracias y favor.

Toda buena dádiva y todo don perfecto desciende de
lo alto, del Padre de las luces, en el cual no hay
mudanza, ni sombras de variación (Santiago 1:17)

Nuestros pensamientos de-
ben ser de altura. Nuestros
sueños y metas cuando trabaja-
mos, cuando hablamos, todo
debe ser a la altura del Dios
que nos creó. Recuerda que:
«tu actitud refleja tu altitud».
No te limites, sigue subiendo.

«Tu actitud refleja
tu altitud».

Zaqueo se encontró con Jesús cuando subió a un árbol.

Habiendo entrado Jesús en Jericó, iba pasando por
la ciudad. Y sucedió que un varón llamado
Zaqueo, que era jefe de los publicanos, y rico, pro-
curaba ver quién era Jesús; pero no podía a causa
de la multitud, pues era pequeño de estatura. Y
corriendo delante, subió a un árbol sicómoro para
verle; porque había de pasar por allí. Cuando Jesús
llegó a aquel lugar, mirando hacia arriba, le vio,
y le dijo: Zaqueo, date prisa, desciende, porque hoy
es necesario que pose yo en tu casa (Lucas 19:1-5).

Cuando subió, pudo ver a Jesús. Cuando subas a la altura que tú perteneces, podrás ver a Jesús, te llamará y hablará contigo.

> *Alumbrando los ojos de vuestro entendimiento, para que sepáis cuál es la esperanza a que él os ha llamado, y cuáles las riquezas de la gloria de su herencia en los santos, y cuál la supereminente grandeza de su poder para con nosotros los que creemos, según la operación del poder de su fuerza, la cual operó en Cristo, resucitándole de los muertos y sentándole a la diestra en los lugares celestiales* (Efesios 1:18-20).

Somos gente de altura y tenemos un Dios de altura. Jesús vino de la altura (los cielos), vivió treinta y tres años y solo duró tres días en la tumba. Lo que te impulsará a niveles más altos es que cambies esos pensamientos de degradación que tienes sobre ti por tus fracasos pasados. Comienza a pensar como el Dios Altísimo piensa de ti.

> *No desmayes y sube alto, bien alto, motiva a los demás a querer subir donde tú estás.*

> *Jehová el Señor es mi fortaleza, el cual hace mis pies como de ciervas, y en mis alturas me hace andar* (Habacuc 3:19).

Hay un nivel más alto que el nivel donde tú estás. No te limites, sube. Si en tus luchas diarias sientes que has descendido, no te confundas. A veces, cuando sientes que estás abajo, es cuando más alto estás. ¡*No desmayes!*

Capítulo 8

¡No desmayes!

Capítulo 8

¡No Desmayes!

Estoy seguro que te has dado cuenta que esperar, vale el esfuerzo, porque no es justo que después de tantas luchas y tantos esfuerzos, dejes que la fatiga, el cansancio y los comentarios te destruyan y mueras en el proceso. Solo quiero que mires donde estabas antes y dónde te encuentras ahora.

Hermano y amigo querido, no renuncies a tu destino, no faltes a tus compromisos. Si hay algo que te calificará para ser promovido al próximo nivel, es tu compromiso. *Dios se compromete con los que se comprometen.* Lo que hace grande a los hombres de Dios, es el compromiso, pues tu

*Dios se compromete
con los que
se comprometen.*

compromiso define tu altura, tu carácter y tus capacidades.

El compromiso determina tu salida y tu llegada. Tu compromiso es vital. No hay nada más hermoso y placentero que rodearte de gente comprometida con tu sueño y tu visión. Es doloroso saber que hoy día lo menos que quiere la gente es comprometerse. El compromiso es una obligación que uno mismo se ata a ella voluntariamente. Para una persona de compromiso, nunca habrá puertas cerradas.

Recuerdo cuando Dámaris y yo éramos novios, recuerdo cada expresión tanto en el rostro de mi suegro como en el de mi suegra. Yo soy de esos afortunados que tienen unos suegros extraordinarios. Aunque no pude impresionar a mi suegra de entrada, ella me ayudó preparando el camino para el gran diálogo con mi suegro. Mientras éramos novios como toda pareja compartíamos, tenía los acostumbrados días de visita (los sábados) aunque mis sábados eran de lunes a viernes pues desde el principio de la relación gocé de la simpatía de mis suegros, aunque siempre pensé que ellos esperaban algo más.

Después de algunos años, al madurar nuestra relación, entendimos que estábamos listos para casarnos, y dimos el primer paso «el compromiso». Hice mi esfuerzo y compré el anillo de compromiso. Hablé con mi suegra y ella preparó el camino hacia mi suegro. No fue hasta el día que le entregué el anillo de compromiso a Dámaris, que vi también el brillo en los ojos de mi suegro, que tanto anhelaba ver. Ese día no solo me comprometí con Dámaris, sino con ellos como familia, ese compromiso provocó que ellos también se comprometieran a ayudarnos a alcanzar nuestra meta anhelada.

Ya han transcurrido más de dieciocho años desde aquel momento, hoy llevamos quince años de matrimonio, felices y con tres hermosos hijos, porque nada ni nadie puede detener a una persona con carácter y compromiso. En el salmo 27, el rey David nos habla de compromiso y de sus beneficios.

Nada ni nadie puede detener a una persona con carácter y compromiso.

> *Jehová es mi luz y mi salvación; ¿de quién temeré? Jehová es la fortaleza de mi vida; ¿de quién he de atemorizarme? Cuando se juntaron contra mí los malignos, mis angustiadores y mis enemigos, para comer mis carnes, ellos tropezaron y cayeron. Aunque un ejército acampe contra mí, no temerá mi corazón, aunque contra mí se levante guerra, yo estaré confiado. Una cosa he demandado yo a Jehová, y ésta buscaré, que esté yo en la casa de Jehová todos los días de mi vida, para contemplar la hermosura de Jehová, y para inquirir en su templo* (Salmo 27:1-4).

Note todos los beneficios de estar comprometido con Jehová.

- luz
- salvación
- fortaleza
- levantará nuestra cabeza

- nos esconderá en el día malo
- nos pondrá sobre una roca
- aunque todos nos abandonen él con todo nos recogerá

En el verso cuatro está el compromiso de David... *Una cosa he demandado a Jehová y esta buscaré, que esté yo en la casa de Jehová todos los días de mi vida.*

La palabra demanda o demandar habla de «solicitud por derecho». David no solo pide estar en la casa de Jehová, sino que se compromete a luchar por estar allí. Eso es compromiso. David sabe que su seguridad está allí en presencia de Jehová. En todos los escritos de David nos invita a confiar en Dios, a alabarle, a reconocer su señorío.

> *Más tú, Jehová, eres escudo alrededor de mí; mi gloria y el que levanta mi cabeza* (SALMO 3:3).

> *En paz me acostaré, y asimismo dormiré; porque solo tú, Jehová, me haces vivir confiado* (SALMO 4:8).

> *Mis enemigos volvieron atrás; cayeron y perecieron delante de ti* (SALMO 9:3).

> *En ti confiarán los que conocen tu nombre, por cuanto tú, oh Jehová, no desamparaste a los que te buscaron* (SALMO 9:10).

Jehová está comprometido contigo, te guiará y te sostendrá. Para que esto se haga realidad en nuestra vida debemos comprometernos con él y con su llamado.

Jehová, ¿quién habitará en tu tabernáculo?¿quién morará en tu monte santo? El que anda en integridad y hace justicia, y habla verdad en su corazón. (SALMO 15:1-2).

David también dijo:

Jehová es mi pastor; nada me faltará (SALMO 23:1).

David era un hombre de compromiso, por eso gozaba de los beneficios de Dios.

Bendeciré a Jehová en todo tiempo; su alabanza estará de continuo en mi boca (SALMO 34:1).

Ahora podemos comprender de dónde viene tal seguridad, de su compromiso. Su entrega y compromiso le ganó el favor de Jehová, por tal razón le podía cortar la cabeza a los gigantes, porque a un hombre comprometido con Dios, no se le puede negar los beneficios del reino.

David era un hombre de compromiso, por eso gozaba de los beneficios de Dios.

Tu compromiso es lo que hará que le restes importancia a tus necesidades, debilidades e inseguridades. Tu compromiso será el imán que atraerá tus más grandes victorias y tus más altos triunfos. De tu compromiso depende si llegas al próximo nivel. El sentido de compromiso hizo que Jacob trabajara sin desmayar.

Así sirvió Jacob por Raquel siete años; y le pareció como pocos días, porque la amaba (GÉNESIS 29:20).

Jacob trabajo fielmente por su amor, comprometido con su ideal, sin desmayar. Luego cumplido el tiempo, fue engañado por Labán.

Venida la mañana, he aquí que era Lea; y Jacob dijo a Labán: ¿Qué es esto que me has hecho? ¿No te he servido por Raquel? ¿Por qué, pues, me has engañado? (Génesis 29:25).

Tu compromiso será el imán que atraerá tus más grandes victorias y tus más altos triunfos.

En este camino encontrarás gente con el espíritu de Labán, un espíritu aprovechado, abusador y engañador. Te usarán para lograr ellos sus metas pero... tú: ¡*No desmayes!*

Jacob trabajó siete años más, catorce en total, a esto yo le llamo compromiso. Lo grandioso es que trabajó por una y se llevo dos; familia, ganado, ovejas y riquezas.

Otro ejemplo lo encontramos en Job. Job sufrió los estragos más terribles que le hallan sobrevenido a algún humano. Perdió sus riquezas y sus hijos, su mujer le pidió que maldijera a Dios. Se debilitó casi hasta desmayar, pero he aquí una de las expresiones más hermosas y de esperanza que jamás haya escuchado.

Yo sé que mi redentor vive, y al fin se levantará sobre el polvo; y después de desecha esta piel, en mi carne he de ver a Dios (Job 19:25).

Después de todo, Job tuvo su restauración total y recibió más riqueza y más favor del que perdió. Tu compromiso te hará recuperar lo que hayas perdido. Tu compromiso te acercará a tu destino profético. Recuerdo la ilustración de Roberto:

«Roberto llevaba 30 años trabajando como contratista para una prestigiosa firma de construcción. Bajo su supervisión se construyeron miles de casas, cientos de edificios. Roberto era la carta de presentación de la compañía. Como todo ser humano, él también tenía metas y sueños. Una de las metas de Roberto, era poder construir la casa de su sueños en una montaña que estaba frente a la oficina de la compañía para la cual trabajaba. Todas las mañanas miraba hacia la montaña con la esperanza de alcanzar sus sueños. Un día los dueños de la compañía le entregaron a Roberto un sobre que contenía $500,000.00 y unos planos de construcción y le dijeron: "Bueno, buen hombre, aquí tienes este dinero para que nos construyas aquí en esta montaña nuestra nueva casa, mientras nosotros nos vamos de vacaciones. Como siempre, esperamos lo mejor de tí". Hubo un gran silencio... Roberto era el hombre de confianza, su compromiso para la compañía era notable».

Una noche Roberto no podía dormir y pensó: «Llevo 30 años trabajando con esta gente, solo me han aumentado el sueldo en dos ocasiones, nunca les he fallado y mira como me pagan, robándome mi sueño, ahora llegó mi turno». La desesperación, el coraje y el rencor se apoderaron de Roberto y dijo: «Construiré una casa que tenga apariencia de $500,000.00 pero solo usaré $200,000.00 y me quedaré con $300,000.00, creo que no está mal de mi parte cobrar esta cantidad por tantos años de trabajo».

En ese momento Roberto dejó de ser un hombre de compromiso, sucumbió ante la tentación y el rencor. Terminada ya la construcción, los dueños de la compañía regresaron de sus vacaciones y se maravillaron una vez más, pues la casa lucía espectacular, aunque con materiales de segunda. Le pidieron la llave a Roberto y contemplaron cada detalle de la casa y se maravillaban, pues la mano de Roberto se podía ver en cada detalle. Luego de inspeccionarla, se dirigieron a Roberto y le dijeron: «Roberto, has estado cerca de nosotros por treinta años y no hemos encontrado a nadie como tú. Toma las llaves de la casa, pues este es nuestro regalo por tu compromiso para con nosotros. Roberto no pudo tomar las llaves, pues la noticia le provocó un infarto al corazón y murió en el acto».

Roberto no pudo gozar ni los $300,000.00, ni la casa de sus sueños, solo por no saber esperar. Faltó a su compromiso.

¡Persiste! ¡Sigue adelante! ¡No desmayes! Estoy seguro que al termina de leer este libro, ya tú has subido al próximo nivel.

Sobre el autor:

El pastor René González ha ministrado la alabanza por más de dieciocho años a nivel internacional. Es el pastor y fundador de la Iglesia Casa de Júbilo, en San Juan, Puerto Rico. Es estudiante del Programa de Bachillerato en Teología de Vision University. Actualmente vive en Puerto Rico junto a su esposa, la pastora Damaris Grillo y sus tres hijos: Renecito, Darinés y Dariann.

11/09 (8) 10/09.
10/12 (13) 10/11
10/14 (17) 5/14
1/19 (20) 7/18.